碰上非解決不可的問題或壓力時，
不妨試著觀察一下「分類方式」。
因為，世上許多事物皆以某些形式分門別類，
有時只要改變分類方式，問題便能咻一下解決了。

了不起的「創新」、「創意」，
其實大多來自改變「分類方式」。
如果你不會進行複雜的思考，不會行銷術，
沒關係，只要具備「分類」這個觀點，
你看事物的方式就會一百八十度大轉變，
也就能創造出嶄新的商品及服務模式。

為了幫助你開發新觀點，
請容我先問你幾個問題。

以日本的外送披薩為例，
一般都切為
中披薩「八等分」、
大披薩「十二等分」。
為什麼不切成「七等分」或「十等分」呢？

每家停車場的停車格寬度不盡相同，
決定寬度的理由是什麼？
空間寬敞或空間狹窄，
會對顧客的進出情況、屬性、消費金額等，
造成何種影響呢？

進入研討會現場，椅子皆已一列列排整齊，

由於先到的人都坐在「旁邊」，

後到的人就有不得不坐在中間的壓力。

有沒有一種排列椅子的方式可消除這種壓力呢？

3 4 5 6 7 8 9

為何棒球比賽設計成九局？
如果是七局或十局，
會為比賽帶來什麼變化？

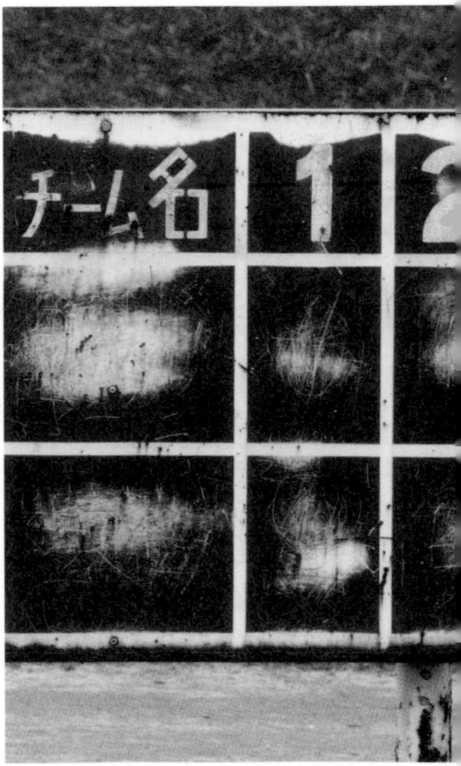

你家冰箱裡的分類方法，
目前真的是最理想狀態嗎？

在白板上隨意寫字，
三兩下就把整塊板子寫滿了。
該怎麼寫才能有效利用空間呢？

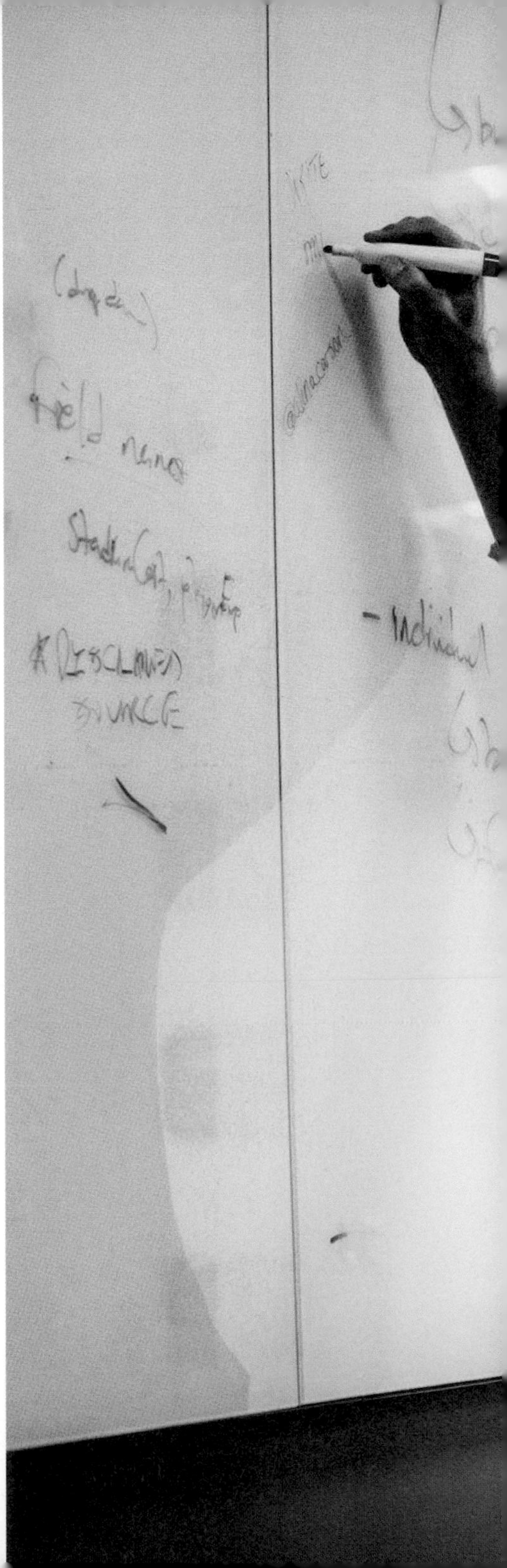

日本一共有四十七個都道府縣。
但一百五十年前，
是怎樣分類的呢？

能幹的人都是善於「分類」的人。
只要學會本書介紹的分類技巧，
不論工作上、生活上的種種問題，
皆能迎刃而解。
「目前的分類情況怎樣？
如何改變會更好呢？」
這種觀點，正是你的致勝武器。

日本經典文具品牌KOKUYO善用四大類型分類法，
解決整理收納、空間規劃、商品定位、顧客資料管理各種難題

傷腦筋的話，就改變分類方式吧！

困ったら、「分け方」を変えてみる。

作者
下地寬也

譯者
林美琪

傷腦筋的話，就改變分類方式吧！

日本經典文具品牌 KOKUYO 善用四大類型分類法，
解決整理收納、空間規劃、商品定位、顧客資料管理各種難題

◎下地寬也 著
◎林美琪 譯

目錄

傷腦筋的話，就改變分類方式吧！

序章「為什麼只有我沒房間？」

第1章 干擾「分類」的「五種害蟲」

第2章 如果不「分類」會怎樣？

第3章　感覺「剛剛好」的分類方式

第4章 「讓別人照我們的意思移動」的分類方式

第5章 「自然而然被整理」的分類方式

第6章 「商品、服務大賣」的分類方式

序　章

為什麼只有我沒房間？

事情變得有點麻煩。我有四個女兒，老大就讀高三，老二高二，老三國二，老么小四。一回過神來，已經女兒成群了。

我住的這間房子是在老二出生後買的，供小孩用的房間只有二樓的二個房間而已。二樓其實有三間房，其中一間作為我的工作室（書房）。

老么還小時，我們在二樓的大房間（八張榻榻米大）放老大、老二、老三的書桌，另一個中房間（六張榻榻米大）鋪上她們三人的棉被當臥房。老么則是跟我們夫妻一起睡。

去年，老么要上小學時，出現了這件「有點麻煩」的事。

「為什麼只有我沒房間？」

老么的疑問（不滿）絕對有理。這下非買書桌給她不可了，但問題是該放哪？我不是沒在考慮這問題，打從老么出生那一刻起，**「房間分配問題」**便一直是我們夫妻的課題。不得不解決的時刻終於來了。

老么天生是個談判高手。她瞄一下冰箱，問媽媽：「裡面的養樂多和布丁可以吃嗎？」媽媽回答：「那兩個的話，不行！」下一秒，她說：「喔，那只吃布丁就行囉？」然後成功得手。這就是所謂的「錨定效應」（Anchoring Effect）技巧，亦即在交涉談判時，先提出大於實際期望的要求，然後假裝妥協，以取得實際期望的事物。這位談判高手在爭取房間時，也是舉好友○○為例，使出「錨定效應」技巧。

「人家○○從以前就有自己的房間了！」

「○○是獨生子，當然有自然的房間啊。」我們一邊應付她，一邊思考這下該如何是好。

把二樓的大房間給老大和老二，中房間給老三和老么，然後各放二張書桌和一張上下鋪的床？或者，把我的書房讓出來，供她們四人使用三個房間？但這樣仍會少一個房間……。究竟該如何分配她們四人的房間呢？這就是我們面臨的問題。

房間是誰弄亂的？

傷透腦筋的結果，我們想出一種方法：**「將四人的書桌全部放進大房間裡」**。

目前，中房間是和室，晚上鋪上她們的棉被就能睡覺，白天將棉被收進壁櫥裡，她們的朋友來，就能在這間空蕩蕩的房間玩。當然，我也能保住我的小書房。

不過，大房間目前三人共用就已經搞得亂七八糟了，四人共同會如何？左邊【圖一】是目前房間的擺設情形，三人各有一張書桌，也各有一個書櫃，中央則是共用空間。

共用空間裡東一個書包、西一個手提袋，還有教科書、講義、雜誌等到處都是，整個亂到不行，媽媽老是大喊：「給我收拾乾淨！」

「可是，是姊弄的！」

「拜託，是妹搞的！」

互踢皮球，沒完沒了。

如果再擺進老么的書桌變成【圖二】那樣，光想到亂七八糟的雜物將增為四人份就要昏倒了。有沒有什麼方法可以整理得乾乾淨淨呢？

【圖一】

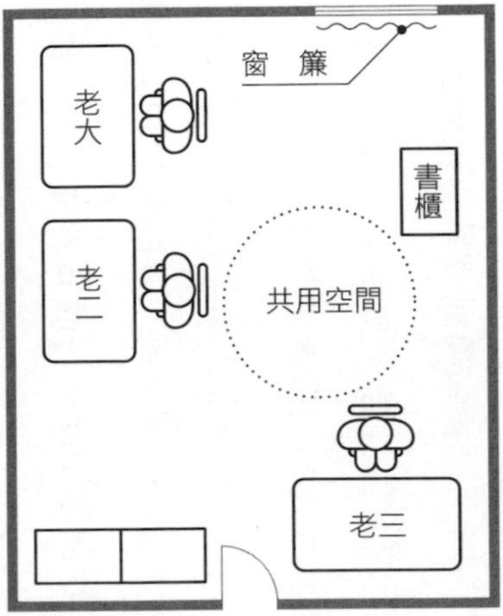

【圖二】

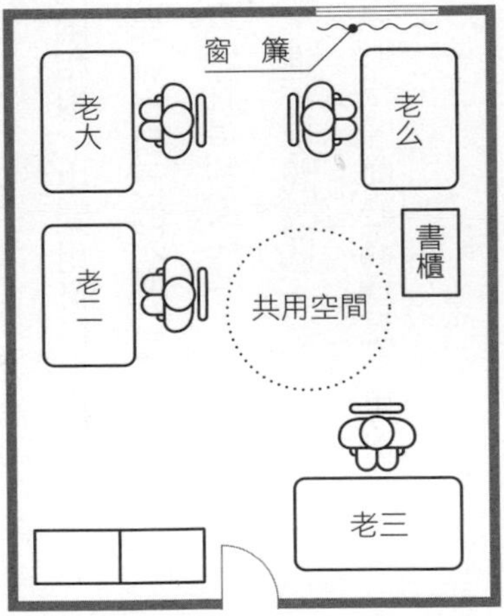

為了如何擺放書桌，我可是絞盡腦汁，然後靈光乍現地想到左圖那樣的配置方式。**老大和老二、老三和老么的書桌兩兩相對，中間用可掛上掛勾的網架當屏風。**這麼一來，即便空間狹窄，也能保有「自己的空間」了。

我自認這個解決方案相當不錯，於是立刻去「宜得利家居」、「宜家家居」採買，或是利用郵購目錄物色適合的產品，進行房間改造。

結果如何？不消說，她們四人皆因保有自己的空間而心滿意足，**更驚人的是房間變得井然有序了。**

拜四人領域明確、無共用空間之賜，她們不再隨便亂丟東西了。

改變最顯著的是老大。從前房間中央都是她的東西堆積如山，但一有明確的個人空間後，她丟掉一堆不用的書籍和小物，書桌變得乾淨清爽。

老三和老么有時還是會把自己的空間搞亂，但要求她們一個月整理一次，丟掉不用的物品後，她們都能維持整潔，叫人刮目相看。

原來如此。我一直以為有共同空間這個「緩衝」（多餘部分）比較好，但結果證明，**共用空間的整理整頓工作會變得責任不清，唯有各人空間明確**

【圖三】

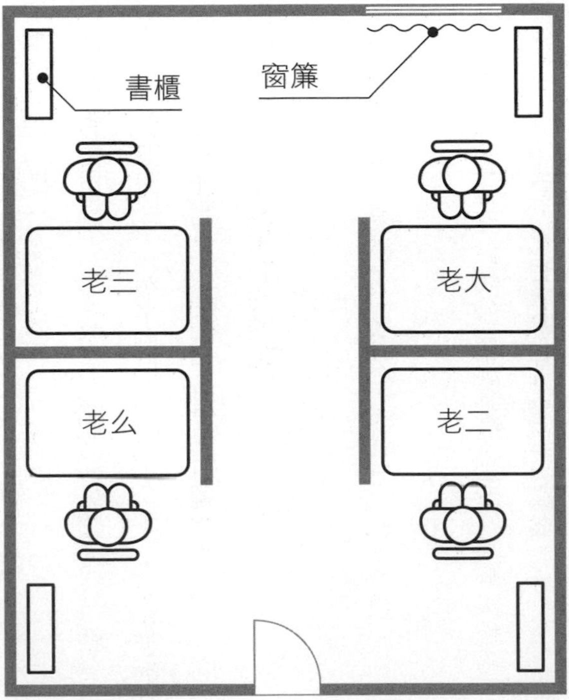

老大和老二、老三和老么的書桌兩兩相對。這麼一來就沒有「共同空間」，房間也就不再亂七八糟了。

才能劃清範圍而負起責任。

其實稍微想一下就能明白這道理了，但在此之前，我們總是硬要孩子「同心協力整理房間」。

這件事讓我領悟到，只要改變空間的「分類方式」就有可能解決問題。造成「不整理」的原因不在孩子們房間的「大小」，而在誰都沒法管理的「共用空間」。只要善加劃分，讓她們各自保有獨立的空間，問題自然解決，而且一併解決了「老么沒房間的問題」，一石二鳥。

「傷腦筋的話，就改變分類方式吧！」

就算不會外資管理顧問公司那套高級的問題解決技巧，只要關注一下「如何分類」這件事，就能掌握解決問題的線索。

這麼一想，我們發現日常生活中，有太多太多分類方式只是沿襲過去理所當然的作法；即使這種作法出了問題，人們也都認為向來如此而不在意。

然而，只要改變一下分類方式便能順利進行的事情太多了。本書就要介紹這樣的「分類方式」。當你明白後，相信你就能用不同的觀點看世界，而且過去認為難以解決的事情，也會意外變得容易解決了。

KOKUYO實施的「不分類」手法是什麼？

「傷腦筋的話，就改變分類方式吧！」這個方法不僅適用於小孩房間，也適用於辦公室。我上班的KOKUYO公司，大家都知道它是一家文具商，但其實它也做家具買賣，而且規模同文具事業不相上下。我本身就有好長一段時間待在設計規畫辦公室空間的部門。

一般的辦公室空間，大致是「辦公（個人辦公桌）空間」：「開會討論空間」：「其他空間」＝6：2：2。不過，最近由於同事間溝通交流的重要性提高，希望擴充「開會討論空間」的需求越來越多了。

當我傾聽身為經營者的客戶對於辦公室重新裝修的期望時，經常出現這樣的對話。

經營者：我的員工常常抱怨會議室或是供大家進行討論的空間永遠不夠，希望這次的重新裝修，務必增加能讓員工開會討論的空間，促進部門間的交流。

我：原來如此，這樣很好啊！那我就朝這個目標去設計。可是，一旦增加開會討論的空間，每名員工的座位空間就會小一點，可以嗎？

經營者：不行不行，這樣會出問題。我們公司有很多業務員，桌上都是客戶的提案書啦、估價表之類的資料一堆，空間太小會被抱怨。

我：這樣啊。那可以縮減董事辦公室或是其他空間嗎？

經營者：嗯，要是董事的辦公室變小，他們也會抱怨吧……

我：……。我想，整個辦公室的面積不可能改變是嗎？

經營者：是啊。怎麼辦……

空間有限，如何劃分？既然總面積不變，有些地方擴大的話，勢必有些地方非縮小不可。但顧客的要求都是，**想擴大某些空間，卻不想縮減任何空間**。設計辦公室空間時，經常碰到這樣的難題。

解決此問題的對策是**「不固定座位」**。這種作法在近十年已逐漸成為常態，相信很多人都知道才對，就是**員工沒有固定座位，大家共用辦公桌**。這正是「傷腦筋的話，就改變分類方式吧！」的表現。我上班的KOKUYO公司於一九九七年率先採用這種方式，一時成為話題。

員工有「自己的辦公桌」在過去是理所當然的。不過，仔細想想便會發現，在辦公室裡，分配給個人的專屬空間其實只有辦公桌而已（或者再加上置物櫃），會議室、接待室、影印處、吸煙室等，全是共用空間。

十年前，「沒有自己的辦公桌」會是一件大事，但如今，每名員工都會領到筆記型電腦，打電話也是用手機，文件等都放在伺服器中。已經沒有把自己綁在辦公桌的必要了。

例如，營業部門有一百人的話，如果外出時間占業務時間的五成以上，那麼只要有六十張辦公桌就夠了。

如此一來，**「辦公空間」：「開會討論空間」：「其他空間」**就會從**一般的6：2：2變成4：4：2**。

開會討論空間增加了，董事辦公室等其他空間並未減少。辦公空間的辦公桌雖然變成共用，但每一張桌子的寬度並未縮減，桌上的面積不變。

而且，座位不固定後，不僅能提高空間效率，**也能促進大家待在辦公空間時的交流狀況**。為什麼？因為每天都坐不同的位子，就能與其他部門的人坐在一起，與平時沒交談的人進行交流。

再說，近來經常看到的「專案型業務」（由各部門人員共同執行的業務），成員也不必聚在會議室，坐在就近的辦公桌就能開會。

若能規畫出窗邊景致怡人區、個人隔間區等各式空間，員工便能隨心情選擇座位，這也是不固定座位的一大優點。

不固定座位，其實就是**「座位共享」**。房屋共享、辦公室共享、汽車共享，今日是個「共享」時代，接受座位共享的企業已經大幅增加了。

不可諱言，不固定座位有其缺點。最早採用這種作法的ＫＯＫＵＹＯ當然很有經驗。

首先，和之前我提過的小孩房間一樣，如果不定期整理，這些共用座位就會堆放一些無主文件、無主文具等。

此外，主管難以管理部屬，找不到人。尤其上司討人厭的話，部屬一定逃得老遠。換句話說，**座位不固定後，越是不擅管理的上司越難以管理部屬。**

不固定座位窒礙難行的最大絆腳石，就是經理、課長這類「大咖」不願變換座位，占住固定席。明明是「不固定」，卻搞出「這位子是我的」這種氛圍，簡直跟猴園裡的首領老是待在小山上一樣。這麼一來，即便那隻首領不在，牠的位置也沒人敢坐。換句話說，由資深者開始占住位子，久而久之便淪為半固定座位狀態了。

因此，你得有心理準備，「改變分類方式」的作法不會只有優點，也會出現弊端。

順帶一提，要避免「大咖」造成座位半固定化，就要召開主管說明會，讓他們充分理解不固定座位的用意。凡事皆然，不明白目的便無法永續下去。

分類方式會隨「時代」改變？

分類方式會隨「時代」改變。在我上小學的一九七〇年代，**豐田汽車成為區別「職階」的象徵**。年輕人開 COROLLA，主任開 CORONA，課長開 MARK II，經理級以上就開 CROWN。

據說，當時愛車人士即便想買 MARK II，如果他的上司開 CORONA，他就會買低於 CORONA 等級的車。特別是和上司一起去打高爾夫時，開的車要是比上司的等級高，可就尷尬了。

當時還出現一句廣告詞：「總有一天要開 CROWN！」這句話的另一層意思是：「**總有一天要當上經理！**」也就是說，**汽車是依「地位（多大**

咖）」而決定等級的。

小時候看到幾則豐田汽車的廣告，至今仍記憶猶新。例如這句廣告詞：

「雖是CARINA，卻有CROWN的裝備。」

CARINA的等級與CORONA相近，或許能予人「明明是主任，卻有經理的實力」這種滿足感。說明車子的優點時，舉出更高等級的車子來說明，當時還小的我覺得這種方法很奇怪，但如今我依然記得這則廣告，可見這句廣告臺詞是相當成功的。

當時的豐田汽車都是配合地位來規畫車種，但也有個缺點，**從經理晉升董事便無車可換了**。升上董事要換掉CROWN的話，許多人就去買「賓士」或「BMW」等德國進口車。

其實，豐田汽車有一款CENTURY是董事級座車，但這款車是設計給司機開的。我想他們一定嘔死了。

因此，豐田集團在一九八九年推出 CELSIOR 這款等級高於 CROWN 的車種，後來又成立「凌志」汽車品牌，專門製造豪華汽車，成功打響名號。

然而，到了泡沫經濟時代，汽車等級的劃分方式起了偌大變化，不是依地位，而是依**「生活型態（生活模式）」**不同來區別，例如，戶外派的就開四輪傳動車（SURF 等），想要輕鬆享受馳騁快感的就開跑車（「LEVIN」等），重視家庭生活的人就開廂型車（ESTIMA 等），想以車代步逛大街的人就開拉風小車（VITZ 等）。

後來，又變成以**「價值觀」**選車。這種現象起因於李奧納多．狄卡皮歐等美國好萊塢明星開 PRIUS。從前都開高級車的美國名人開起 PRIUS，表示「汽車代表有錢人」這個地位象徵，已經轉變為**「愛護地球這種生活型態」**的象徵了。

此外，日本的 Y 世代青年不買車。過去，開部酷炫的汽車來吸引女性是男性普遍的價值觀，但如今很多年輕人不這麼想了。

年輕人對「共乘」這種「汽車共享」概念更有感，紛紛以這種模式來表現自己的生活型態。

「身分地位的象徵」→「生活型態」→「自己的價值觀」。像這樣，汽車的分類方式產生了幾次變化。

如果製造商錯看時代，誤解分類方式，我想他製造的商品一定不受消費者青睞。

一般職員坐「無扶手椅」、董事坐「高級皮椅」

每個時代的分類方式不同，這點也可從辦公室座椅窺知，因為，**以往辦公室座椅也是「地位」的象徵。**

一般職員坐「無扶手椅」，升上課長後坐「有扶手椅」，升上經理後坐「高椅背座椅」，如果升到了董事，就會得到一張「高級皮椅」。

以專門提供辦公室傢俱的 KOKUYO 立場來說，這實在太棒了，因為顧客每年都會下單：**「又有新課長了，能不能送五張有扶手的椅子來。」**

就像以**「經理寶座」**來表示在公司的職位一樣，椅子成為地位的象徵。

不過，換地位就換椅子的企業越來越少了，最近多改為以**「工作模式的不同」**來區分。例如，若是長時間坐在電腦前操作電腦的業務助理，就提供十萬日圓以上的高功能扶手椅，若是不常在座位上的行銷人員，就提供五萬日圓左右的椅子。

不僅椅子，電腦也一樣，若是業務助理，就提供有兩臺螢幕的桌機，若是經常外出的行銷人員，就提供筆記型電腦。

從前，高層分配到最新的高性能電腦，結果只用來上網，而辛苦整理資料的年輕職員卻只能用高層淘汰下來的龜速電腦，這種令人笑不出來的狀況還真常見。

結果顯示，能幹的人都很擅長「分類」

在基本上以「藩」來劃分全日本國土的江戶時代，**坂本龍馬認為自己並非隸屬「土佐藩」，而是隸屬「日本國」**。這種人能夠不受既有的分類方式所縛，靈活地提出新的分類概念。

例如，他組織了堪稱日本第一家股份有限公司的「海援隊」，又提出明治維新後政府實際運作原則的「船中八策（新政府綱領八策）」等，這些都是沒人想到的創意。

還有前大阪市長橋下徹，他提出**「大阪都構想」**，將大阪府與大阪市這種雙重行政的不當現狀指出來，主張將「府」、「市」改成「特別區」，其行政及財政權力則移交至「大阪都」。此舉雖功敗垂成，但這是一個打破舊有分類方式的新概念。

日本最大二手書連鎖店BOOKOFF的創辦人坂本孝，他的標價方式不是根據「書籍的稀有性」，而是「書籍本身的新舊程度」，改採這種不需要鑑賞力的標價方式後，生意越做越大。此外，他還開設「我的義式餐廳」，以站著享用高級義式料理為概念，結果大受歡迎，甚至改變了餐飲界的「食材成本率與售價的分配方式（從食材成本占三成改為占六成）」。

結果顯示，能幹的人都很擅長「分類」。

他們經常質疑現狀的分類方式，並且不斷尋求新作法。分類方式很多，正確答案並非只有一個。他們抱持這種想法來努力解決問題，並且**針對目的「為了什麼？」而選擇分類方式**。

反之，無能的人都是墨守成規之輩，即便知道有新的分類方式，也會去挑它的缺點。或者應該說，無能的人都有討厭改變的毛病。

到這裡，也許你會覺得「我辦不到」，但是，沒問題的。

本書將提供若干方法，幫助你了解那些有問題的事物是如何分類出來的，並介紹一些方法幫助你重新分類。沒必要想得太難，只要抱持「不妨改變一下分類方式」的想法就行了。

讀完本書，**相信你就能明確掌握事物的分類方式，外出上街時，也會忍不住去注意眼前種種的分類方式了。**

便利商店的貨架「分」成幾個區？

停車場「分」成可停多少輛車？

外送披薩「分」成幾等分？

車站的階梯，上樓空間和下樓空間是以怎樣的比例「分」出來的？

企業的詢問表格「分」成幾個項目？

本書又是「分」為幾個章節呢？

我們可以從被分類的事物中，看出分類者的「意圖」。

意圖是什麼？

目的是什麼？

如果是你，會怎麼分類？

學會這些思考方式，許多問題便能迎刃而解。本書內容若能協助你建立新觀點，我將感到無上榮幸。

第 1 章

干擾「分類」的「五種害蟲」

夫妻為了整理相片而吵架!?

前幾天，我為了整理成堆小孩相片而買了十本相簿。最近都用手機或數位相機拍照，實體相片並不多，都是她們學校活動的紀錄；但老大和老二小時候的相片還是照相館沖洗的，有一大堆還沒整理。我和老婆討論該如何分類時，出現了種種困難。

由於相片實在太多，首先得分成**「保留」**和**「丟掉」**兩種，但該如何判斷便傷透腦筋。同樣畫面的有好幾張時，把模糊的丟掉即可，但運動會賽跑這種瞬間捕捉到的相片，即便模糊也捨不得丟啊。

四姊妹合照時，三人表情很棒，只有一人閉起眼睛，這種照片該保留還是該丟呢？

和老大小時候比起來，老三和老么的實體相片少多了。當時我們正從底片相機改成數位相機，因此這是理所當然的，但問題來了，既然要用相簿來整理，是不是該將老三和老么的數位相片印出來，讓四人的相片張數「一致」呢？

老婆和我邊討論邊分類，但我看到那些被她歸為「丟掉的相片」總是好糾結，真的要丟掉嗎？我們從週六早上開始分類整理，到了週日傍晚，已經彌漫放棄的氣氛了。

干擾「分類」的五種害蟲

「分類」這個動作，目的應該是為了工作上能夠有效生產，或是為了方便事後檢索，但其實困難重重，沒多久，就會碰到無法用原先設想的分類方式來進行的窘境。

根據野口悠紀雄的《「超」整理法》，「資訊的分類」有其原理上的問題，例如，不知該列入哪個項目的「模棱兩可問題」，哪個項目都放不進去的「其他問題」等。

本書目的不在進行正確的分類、整理，而在找出你不知道的分類方式，幫助你解決問題。

不過，在此之前，你有必要知道進行分類時可能會出現的「漏洞」。本書稱這些漏洞為「分類的害蟲（bug）」，一共有五種。

1 「灰色地帶」害蟲

2 「複數屬性」害蟲

3 「其他」害蟲

4 「不公平」害蟲

5 「維持」害蟲

如果我們夫妻倆在整理相片時，能夠明確認知到這五種害蟲，應該就不會搞得那麼僵，而能順利將相片分類好吧。我們就來一個一個檢視這些害蟲。

1 香蕉是點心嗎？～「灰色地帶」害蟲

想明確分類，卻碰到分類界限不清的困擾，這就叫做「灰色地帶」害蟲。能像考試般明確拉出「八十分以上及格」這條分界線的事物，其實少之又少。

什麼時候算「小孩」，什麼時候起算「大人」？「青年」又是從何時算起呢？

「新進人員」到了什麼階段算「中堅」人員，從哪個階段起可以稱為「資深人員」呢？

「休閒服裝」與「正式服裝」的決定性差異是什麼？

「三餐均衡飲食」的「均衡」是什麼樣的比例？

那是「工作」嗎？還是「遊玩」？

大部分的事物都是視其與周遭事物的相對性來判斷，界限曖昧不明。

例如，下面這件事就是小朋友會碰到的「灰色地帶」害蟲。

遠足時，「點心不能超過三百日圓」的規定，成為小朋友能否玩得盡興的重要問題。以界限來說，「三百日圓」金額十分明確，但「什麼是點心」則不清不楚了。

如果問我，我認為香蕉「不屬於點心」，但跟據「@nifty 萬事調查團」的調查，認為「屬於點心」的人，六十歲以上達七成、三十歲以下也超過三成。

此外，當了父母後，為孩子選擇遠足點心時就會碰到這個困擾：打折買的該怎麼算？打折時，不少點心零食都低於半價，定價一百二十日圓的洋芋片只賣六十日圓。照這種折扣去買，搞不好就買下定價六百日圓的零食了。雖說確實總價「沒超過三百日圓」，但要是帶了比其他小朋友多一倍份量的點心去，恐怕會被大家嗆：「太奸詐了！」

不再穿的衣服要放到什麼時候？

因應節能省電而提倡的夏季辦公輕便穿著，能輕便到什麼程度？

工作中被允許的閒談範圍到哪裡？

我們的日常生活中存在大量的灰色地帶問題。大家都說，「凡事有個輕重緩急」、「不要用的就丟了吧」、「今日事今日畢」，但如何判斷那條界限？很難吧。

工作現場也是一樣。挑選商品資材的工作，該屬於營業部或是採購部？工作的指示應由上司明確下達，或是交由下屬自行判斷？這些都是無法明確規定出來的灰色地帶。

每個人設定的界限都不一樣，甚至許多時候連本人都搞不清楚。我想，先弄清楚該部分是不是灰色地帶，就能消解干擾的害蟲了。

2 塑膠產品屬於可燃垃圾？～「複數屬性」害蟲

第二種分類時的害蟲是「複數屬性」害蟲，指該事物同時具有多種分類項目的屬性，以至於不知該列入哪個項目。

前陣子大熱銷的《喬科維奇身心健康書：14天逆轉勝營養計畫》一書，是世界頂尖網球選手諾瓦克．喬科維奇透過飲食改造身體，從此人生步入坦途的生活提案。

那麼，這本書該放在書店的哪個架上？

選擇之一是「運動叢書」。既然是運動選手寫的書，放在「運動」專區的可能性很高。

但也可能放在「健康、減肥」專區，因為本書內容是介紹不攝取麵粉讓身體更健康，並可達到減量的飲食方式。

不僅如此，這樣的內容也可歸為「自我勵志」，因此可放在以商務人士為對象的「商業、自我啟發」專區吧。事實上，我常在「商業叢書」專區看見這本書。

我因為寫書而知道，**「放在書店的哪個架上」這件事，對作者、對出版社都極為重要**。來「健康」區的人和來「商業」區的人，屬性完全不同。編輯告訴我，放錯位置往往就賣不掉了。

《喬科維奇身心健康書：14天逆轉勝營養計畫》賣得非常火。或許擁有多重屬性這件事幫了大忙。不論關心自我啟發的商務人士或是關心減肥的女性，都會對這本書感興趣。

不過，**因為多重屬性而無法善加分類，以致顧客搞不清楚的情況也不少**。

日前，我同事買了新屋，第一次到市公所辦理申報手續。公所的窗口分成「提出」與「諮詢」兩處，且都有大約二十人在排隊。

同事對申請書的填寫方法有些不解，於是詢問站在入口的服務人員：「我想提出申請，但有些地方不太懂，想請人教我，我該排哪個窗口呢？」

對方回答：「你要提出申請是嗎？那就排右邊。」然後他等了十五分鐘。

等輪到他時，他拿出申請書想詢問，對方卻冷冷地說：「如果你有不清楚的地方，請到旁邊的『諮詢』窗口排隊。」想諮詢也想提出申請的時候，該排哪一邊？**如果「諮詢」窗口上標明「諮詢後想提出申請的人請排這裡」，他的十五分鐘就不會泡湯了。**

垃圾分類也是，經常讓人不知該丟到哪個桶子才好。錄影帶、印表機的墨水盒等小型「塑膠製品」，究竟該分類成「可燃垃圾」、「塑膠垃圾」，還是「不可燃垃圾」？真要燒毀也不是不行，但我總覺得不該用燃燒的方式處理。它們大部分是塑膠做的，但也有不是塑膠的部分。

「多重屬性」害蟲讓人難以分類，這種情形隨處可見。會下蛋且有鳥喙，卻用母乳養育小孩的鴨嘴獸是鳥類或是哺乳類？製造家電又拍電影的索尼公司，該分類為哪個業種？可分類為 A 也可分類為 B 的情形太多了。

3 畢業紀念冊無法放入書櫃中……～「其他」害蟲

第三種害蟲是沒辦法放進去的事物。這又該如何？

絕大部分的事物皆能分類，但依然有少數找不到棲身之處。一般來說，這些歸為「其他」即可，然而「其他」一多，便會覺得沒做好分類了。

我們看看書櫃裡的劃分方法，應該是可供放入書籍、雜誌、文件等。而日本書籍的尺寸，最多的是四六版，高一八・八公分，其餘還有A5版（高二一・〇公分）、新書版（高一八・二公分）、文庫本（高一四・八公分）。雜誌多半為B5版（高二五・七公分）到A4版（高二九・七公分）。此外，還有一些家電產品的說明書、A4大小的書籍文件等。

因此，書櫃通常是以三種高度構成。

- **最矮的文庫本專用，高十六公分。**
- **中型書（四六版、A5版、新書版）專用，高二十三公分。**
- **最高的雜誌、A4書本文件類專用，高三十一公分。**

這樣書櫃就能排得整整齊齊了。可是，依然有些書物的尺寸超出上述之列，例如**「畢業紀念冊」**，高三十二到三十五公分，連專放Ａ４文件的高度都放不進去。我也想過乾脆將書櫃的高度調高，但這樣會整體不協調；即便只將畢業紀念冊橫放插進去，也會超出書櫃。

這類「其他」物品，在分類上真是麻煩。

選購皮包時也會有這種麻煩。我之前從事設計工作，知道有時會製作**「A3大小的提案資料」**。於是我特地買了大皮包，能夠將Ａ３資料整個放入，不必折起。然而，放Ａ３資料的機會實在少之又少，而且通勤時帶這麼個大皮包會給旁人徒增困擾，最後我不得不再買個小皮包。

行李箱也是，通常只出差二天一夜，用不著大行李箱，但考慮到搞不好也會出差四天三夜，便買下大行李箱，結果是拖著過大而空空如也的行李箱去出差。**凡事皆然，只要將不在常規內的事物列入考慮，往往就落得大而無當了。**

電腦上的資料夾管理也一樣，常用的案件、計畫等，可以建立資料夾存放，但無法分類又難以刪除的資料該放在何處是好？雖說可以建立個「其他」資料夾專放這些檔案，但要不了多久，資料夾裡面就會亂七八糟了。

究竟該分類到什麼程度、超出什麼範圍就列入「其他」？真是傷透腦筋。

4 將五顆草莓分給四人 ～「不公平」害蟲

第四種分類時會碰到的害蟲，就是難以**「公平分配」**。

我家經常在吃飯時出現這種「不公平」害蟲，例如要將草莓分給四姊妹時，只要分量出現一點點差異，就有人抗議了：「姊的比較多!!」

要將蛋糕平分給兩個人時，我們都會說：「一個人切，另一個人選。」但顯然選的人比較有利。還有，該怎麼決定誰切誰選擇？我們家有四姊妹，若蛋糕上有五顆草莓，到底該怎麼公平分配呢？

學校的家長會、大樓的管理委員會、地區的自治會等，非營利組織的義工團體，其職務分配很難做到公平。有人要上班、有人要帶小孩、有人忙於興趣活動、有人必須照顧老人，大家各有各的事，該全員公平地抽籤決定職務，或者考量各別狀況？若要考量各別狀況，又該考量到什麼程度？怎樣才算公平，這問題始終糾纏不清。

我朋友有兩個兒子，搬到新家時，雖然有兩間房間供兄弟倆住，但大小不太一樣。哥哥是個常在外面玩的大學生，弟弟是個幾乎都在家讀書的高中生，從長幼有序來看，似乎該把大房間給哥哥，但因於他不常在家，因此兄弟倆爭執不休，最後談判結果是把大房間給弟弟，但哥哥的零用錢增加了。

像這樣，當要將某些事物分配給許多人時，「公平」概念該如何拿捏，一直是問題所在。

5 寫家計簿太麻煩了！～「維持」害蟲

第五種害蟲是**「無法維持」**決定好的分類方法。

決定分類方法後付諸實踐當然很好，但要是分類方法過於繁瑣，恐怕三兩下就嫌煩了。嫌麻煩就不會持續下去。該大致分類就好，或者詳加分類？這點也是讓人抓破頭皮。

以「家計簿」來說，支出項目分類詳細才會發現是否浪費。**但是，分類得太細，會讓記帳本身變麻煩而無法持續下去。**

家中的各種文件分類也是令人頭痛。孩子拿回來的學校「活動通知單」、自治會發的「聯絡事項」、隨家電用品附上的「說明書」、信用卡公司和銀行寄來的「帳單」等等。

老婆和我決定出分類規則後，有時一忙，沒分類的文件就會滿出書櫃。分類好並放入檔案夾中的文件要是沒有定期盤點，許多已經過期的學校活動「通知書」、已經用壞掉的家電產品「說明書」等，依然壓在裡面。

在公司製作「顧客檔案資料」時，也會碰到該將屬性輸入到什麼程度來分類的問題。才拜訪過一次的顧客，需不需要將相關資料詳細記錄下來？又該記錄到多細呢？

如果讓對於這種資料很龜毛的下屬來建檔，一定會分類得過於繁瑣，造成其他人覺得一一輸入太麻煩，最後導致整個檔案資料的品質下降。到底該怎麼分類才適當，才能讓團隊成員將資料持續建檔下去呢？

以上就是造成難以分類的「五種害蟲」。這些都是我們在進行分類時會跑出來橫加干擾的棘手課題。

不過，請你放心。分類這項行為必有其目的。只要確實掌握目的，便會知道如何對付這五種害蟲了。

◉並非所有事物皆能分類得一清二楚。

◉導致難以「分類」的五種害蟲

「灰色地帶」

「複數屬性」

「其他」

「不公平」

「維持」

◉只要想清楚分類的目的，便能對付害蟲。

第 2 章

如果不「分類」會怎樣？

水果是一份一份端出來，或是一整盤端出來？

我家的話，炸雞塊、漢堡排、蘋果、葡萄等，多半是一整盤端出來。由於一共六口人，一不小心，自己的份可是會被吃光光。

問題是，老大和老二吃東西很快，於是老三和老么就吃虧了。

我也想過將蘋果和葡萄的數量數清楚後公平地分好來，但每次都覺得好麻煩，於是一直都是整盤拿出來。為此，有時還會吵架。

不過，一段時間後，我注意到一件事，**孩子們的「協調能力」培養出來了。**

有天，讀幼稚園的老么在大家伸手去拿蘋果前開口問：

「可以吃幾個？」

這叫先發制人。

做手捲壽司時，孩子們也會進行交涉：

「這個給你，那我要這三個可以嗎？」

「嗯，怎麼分好呢……」

老三喜歡鮭魚，老大沒那麼愛。

老么只吃蝦子，老二什麼都吃。

她們了解彼此的喜好，於是會討論吃什麼、吃幾個。

結果，老大培養出主持全場的領導能力，老三和老么培養出與長輩的交涉能力。

凡事都公平地分配好比較能和平收場，但**有時不加以分配，也會培養出自律思考以及協調能力**。

本章，我們來思考什麼事情適合先分類好，什麼事情則不分類比較好。

「不分類」令人緊張，「分類」令人安心

聽說有輛滿載銷售用「球根」的卡車，不幸於路上發生車禍而翻覆，各色鬱金香的球根全混在一起了。光看球根無法知道會開出什麼顏色的花朵。

賣家想了半天，最後**打出不知會開出什麼顏色的「福利品球根」名號，便宜出清**。消息一出，馬上在社群網站上瘋傳，五十萬顆球根一下賣到斷貨。因為沒分顏色，反而給人不知會開出什麼顏色而充滿了「興奮的期待感」。這就是因禍得福。

有些二手書店和二手衣店會刻意不將商品正確分類，弄得有點亂糟糟，**再加上「便宜」，反倒予人「尋寶」的樂趣**。連鎖雜貨商店「唐吉訶德」便深諳此道，讓商品提供尋寶樂趣正是他們的攬客絕招。

另一方面，服飾品牌「優衣庫」（Uniqlo）等，則是將所有尺寸以豐富的各種顏色整理出來，給人一種「想要基本款服裝的話，去那裡肯定找得到」的「安心感」。

橘子等水果，通常超市會依大、中、小尺寸分別販售。小黃瓜全都長得直挺挺，那是因為先將彎曲的分開（拿掉）了。日本消費者對蔬菜水果的「形狀」分外敏感。

「未分類好」能予人緊張感、興奮感，達到「挖寶」效果。由於省下整理的工夫，成本得以壓低。反之，難以尋找。

「已分類好」能予人品質穩定的安心感、信賴感，最重要的是容易找。反之，雖然輕鬆，但不能讓人多加思考，且分類會增加整理的工夫與成本。

了解兩者的特性後，你會更容易判斷你要進行的分類是否恰當了。

	不分類	分類
優點①	予人緊張感、興奮感	予人安心感、信賴感
優點②	不花成本	容易尋找
缺點	不易尋找	花成本
例	● 二手書店 ● 二手衣店 ● 「唐吉訶德」等	● 超市 ● 書店 ● 「優衣庫」等

擺脫常識的「防王布陣法」

小時候，一個球迷朋友告訴我所謂的「防王布陣法」，嚇了我一跳。也就是說，當巨人隊的王貞治上場打擊時，內野手不待三壘區，全都集中到一壘、二壘附近守備。

我查了一下，事情是這樣的。

一九六四年，廣島東洋鯉魚隊的總教練在苦思如何對付「ＯＮ砲」（王貞治與長嶋茂雄）時，讓記分員調查他們的打擊方向，結果得知王貞治有七成都是打到右方（一壘方向）。

「將守備位置整個移到一壘區不就得了。」

總教練想出這招。據說有其他教練持反對意見：「要是王打向左邊怎麼辦？」但依然從一九六四年五月五日那場比賽起使出這個大絕招。結果，王貞治該年對廣島隊的打擊率為〇·二九一，全壘打數七，是他與五支球隊的對戰中最少的，相較於他當季的成績（打擊率〇·三二〇、五十五支全壘打），廣島隊算是取得不錯的成果。

這是閒話了，王貞治只有一次打到三壘方向，球落到無人的左翼，留下二壘安打這個難得的紀錄。再說個閒話，廣島隊也有分析長嶋茂雄的打擊方向，但似乎沒找到特別的傾向。

棒球的九人守備位置，向來都是內野、外野平均分配，這是棒球常識。當時之所以使出「防王布陣法」，是考量打者的打擊方向七成為右方，特地配合這個比例而改變分配方式，可說完全超乎常識。

「改變分類方式」這項行為，就是挑戰之前「分類方式的常識」。

在日本，一般常識認為先發完投型是非常了不起的投手，但野茂英雄挑戰美國職棒大聯盟時，才知道大聯盟的常識是先發投手只要投出一百球，投到六至七局即可。

大聯盟的投手分工十分清楚，先發、中繼、終結者，各司其職。目前日本職棒也多採用這種分工方式。

提到棒球，不能不提到打進美國職棒大聯盟的大谷翔平。職棒的常識是「投手」與「打者（野手）」分工，但他「一人身兼二職」。**亦即，這是一種「不分類」的選擇。**

在商場上，改變常識的分類方法很難執行。位於新宿的「伊勢丹男士館」取消依品牌分類的樓層區隔，**讓顧客能夠同時比較各種品牌再選購**，據傳，當初為排除廠商的反對而吃了不少苦頭。

「7-11」超商創始人鈴木敏文為了讓各家店不要有太多庫存，特地與批發商交涉，**讓他們進行小批量配送，每種品項一次只配送一、二個**。當時就有人說：「批發商不會那樣送。」因為批發商一向是大批量配送。這是經過頑強的交涉才終於實現的配送方式。

質疑現有的分類方式。嶄新的解決方案就藏在這裡。

能幹的人用三步驟來分類

「傷腦筋的話，就改變分類方式吧！」我們來看看具體該怎麼做。

想收拾物品、想整理資訊、想解決問題、想讓人際關係更圓融……，這些事情都跟如何分類有關。

或許你會認為，當對象（屬於資料？訊息？或是問題？）不同，分類方式就會不同，但其實本質是一樣的，可用以下三個步驟來完成。

【步驟一】將要分類的事物（對象）全部寫出來。

【步驟二】將你想到的分類方式全部寫出來。

【步驟三】思考為何分類（目的），然後選出二到三個可能解決問題的分類方式，並加以檢討。

當你看到這三個步驟，可能會覺得「那還用說」，但真正意識到這些步驟的人卻很少。

我們就用具體案例來看看這三個步驟吧。

比方說，有一對雙薪家庭且育有子女的夫妻正為家事的分擔問題吵架。妻子希望先生能多少幫忙做家事，卻不知該如何具體地說明。我們就透過「改變分類方式」來思考解決方法。

【步驟一】將要分類的事物（對象）全部寫出來。

很多人遇到問題的時候並不知道問題出在哪裡，問題的範圍應該包括哪些部分？

因此，先將要分類的對象全部寫出來吧。應該會花上五到十分鐘。

要討論夫妻如何分擔家事，就先兩人合力把目前各自進行的家事及其範圍寫出來。例如這樣：

〈妻子負責的家事〉

● 三餐——準備早餐／準備午餐／準備晚餐／外出採買食物／清洗碗盤

● 打掃——用吸塵器打掃房間／打掃廁所／打掃洗手檯

● 洗衣——用洗衣機洗衣服／晾衣服、收衣服／折衣服、收起來

● 小孩——哄吃飯／哄睡覺

〈先生負責的家事〉

● 打掃——打掃浴室／倒垃圾

● 洗衣——將衣服送洗

● 小孩——幫忙洗澡／陪伴玩耍

● 其他——採買生活用品／家計簿管理

〈一起分擔的家事〉

●小孩——往返保育園的接送（先生送，妻子接）／生病的處理（多半由妻子處理）

步驟一

將各自負責的家事全部寫出來。

妻 妻子負責的家事

- 三餐
  - ・準備早餐 ・準備午餐 ・準備晚餐
  - ・清洗碗盤 ・外出採買食物
- 打掃
  - ・用吸塵器打掃房間
  - ・打掃廁所・打掃洗手檯
- 洗衣
  - ・用洗衣機洗衣服・折衣服、收起來
  - ・晾衣服、收衣服
- 小孩
  - ・哄吃飯
  - ・哄睡覺

夫 先生負責的家事

- 打掃
  - ・打掃浴室
  - ・倒垃圾
- 洗衣
  - ・將衣服送洗
- 小孩
  - ・幫忙洗澡
  - ・陪伴玩耍
- 其他
  - ・採買生活用
  - ・家計簿管理

分擔 一起分擔的家事

- 小孩
  - ・往返保育園的接送（先生送，妻子接）
  - ・生病的處理（多半由妻子處理）

寫到這裡，就能明確掌握家事的內容，也能進而明白一些事，例如，先生並未注意到妻子會打掃洗手檯和廁所。

反之，先生假日常陪孩子玩，但妻子從沒想過這也是家事的一部分。

兩人繼續溝通，妻子才知道「家計簿的計畫與管理」也是先生分擔的家事之一。

【步驟二】將你想到的分類方式全部寫出來。

問題該如何分解。請別急著求結論，先將可能的方法盡量寫出來。首先，目前是採用何種分類方式？不只理論上的方法，連感覺上的、情感上的方法也都試著找出來。

尋找過程中，請不斷問自己：「難道沒有其他的分類方式嗎？」

我們來看看這對夫妻各自負責的家事是採取何種分類方法。先生負責的家事似乎多在週末進行，而妻子負責的家事是每天做、平日做、一週做二到三次（隔天）等。他們應該是用「家事的頻繁度」來分類。

此外，「要花力氣的家事、不花力氣的家事」、「花時間的家事、可立即完成的家事」等，也是可能的分類法。

最後，我們可以舉出下列的分類方式。

- **家事的頻繁度（每天、平日、隔天、週末、看情況等）**
- **需要力氣的家事、不需要力氣的家事**
- **花時間的家事、可立即完成的家事**
- **負擔大的家事、負擔小的家事**
- **喜歡的家事、討厭的家事**
- **講究的家事、不講究的家事**

找出分類方式時，如果方式多少有點類似也無妨，例如「需要力氣的

步驟二 寫出分類方式以便再次討論如何分擔家事。

各種分類方式

◆家事的頻繁度（每天、平日、隔天、週末、看情況等）

高 ←→ 低

◆需要力氣的家事、不需要力氣的家事

需要 ←→ 不需要

◆花時間的家事、可立即完成的家事

花時間 ←→ 不花時間

◆負擔大的家事、負擔小的家事

大 ←→ 小

◆喜歡的家事、討厭的家事

喜歡 ←→ 討厭

◆講究的家事、不講究的家事

講究 ←→ 不講究

這些家事符合哪種分類法？

準備早餐　準備午餐　準備晚餐　清洗碗盤　外出採買食物

用洗衣機洗衣服　晾衣服、收衣服　折衣服、收起來

打掃浴室　倒垃圾　將衣服送洗　哄吃飯

哄睡覺　用吸塵器打掃房間　打掃廁所　打掃洗手檯

幫忙洗澡　陪伴玩耍　採買生活用品　家計簿管理

往返保育園的接送（先生送，妻子接）　生病的處理（多半由妻子處理）

家事、不需要力氣的家事」和「負擔大的家事、負擔小的家事」就有雷同之處。但為了能在下個步驟找出更適當的分類方式，請別在意這些重複的感覺，將想得到的分類方式盡量寫出來。

【步驟三】思考為何分類（目的），然後選出二到三個可能解決問題的分類方式，並加以檢討。

總有為何分類的「目的」才對。該目的是什麼？用步驟二的哪些分類方式能夠達成該目的嗎？我們試著組合幾個不同的分類方式，看看結果如何。

以上述案例來說，目的是什麼？

妻子雖然很忙，但想要好好做出營養豐富又美味的晚餐，不過，早餐和午餐可以不必那麼講究（午餐只有週末才有）。而且，她喜歡乾淨，打掃總是認真確實，不滿意先生那種用吸塵器吸一吸的方式。

這種認真的個性作祟，以致做家事耗掉大量時間，形成莫大壓力。

反之，先生看妻子似乎對家事的品質很講究，也就不多插手了。

因此，雙方認知到這次重新檢討家事分擔的目的，就是為了**「減輕妻子的時間壓力」，以及「維持家庭生活上所講究的品質，分擔一些比較不講究的家事」**。

首先，在所有的家事項目中寫上「家事的頻繁度」。結果發現，先生的家事多半在「週末」才做，「每天」或者「一週二到三次（隔天）」做的，只有「幫小孩洗澡」、「打掃浴室」、「倒垃圾」而已。

另一方面，妻子負責的家事以「家事的頻繁度」來分類似無意義。由於希望先生能夠幫忙分擔，因此以「講究的家事、不講究的家事」及「負擔大的家事、負擔小的家事（這裡分為大、中、小三種）」來分類。

再對照目的，就能看出先生該如何分擔「負擔大、中」且「不講究的家事」了。

步驟三 減輕妻子負擔的分類方式

妻 妻子負責的家事

	想講究的家事	不講究的家事
負擔大	·準備晚餐（每天） ·用吸塵器打掃房間（隔天）	·哄小孩吃飯（每天） ·哄小孩睡覺（每天） ·準備早餐（每天）
負擔中	·外出採買食物（平日、假日）	·晾衣服、收衣服（每天） ·折衣服、收起來（每天） ·準備午餐（週末）
負擔小	·打掃廁所（週末） ·打掃洗手檯（週末）	·用洗衣機洗衣服（每天） ·清洗碗盤（每天）

夫 先生負責的家事

週末	每日	隔天
·陪伴小孩玩耍 ·採買生活用品 ·家計簿管理 ·將衣服送洗 ·準備午餐（週末）	·幫忙小孩洗澡 ·打掃浴室	·倒垃圾

分擔 分擔的家事

·往返保育園的接送（平日）
·生病的處理（視情況）

·哄小孩吃飯（每天）
·哄小孩睡覺（每天）
·準備早餐（每天）
·晾衣服、收衣服（每天）
·折衣服、收起來（每天）

各種分類方式

□家事的頻繁度（每天、平日、週末、視情況等）
□需要力氣的家事 □不需要力氣的家事 □花時間的家事 □可立即完成的家事
□負擔大的家事 □負擔小的家事 □喜歡的家事 □討厭的家事
□講究的家事 □不講究的家事

結果，「哄小孩吃飯」、「哄小孩睡覺」、「準備早餐」、「晾衣服、收衣服」、「折衣服、收起來」等家事就由夫妻輪流負責。「準備午餐」因為只有週末進行，因此由先生負責，且雙方同意也能以外食解決。

將要處理的對象，也就是家事，以符合目的的方式重新分類。這麼一來，事情將會如何解決便能一目瞭然。以這個案例來說，將不講究品質且負擔較大的事情列出來，就能抓到解決的線索了。

傷腦筋的話，就改變分類方式吧！

光是這樣，眼前世界便截然不同了。

如何想出「新的分類方式」

人類的成見非常可怕。只要認定是那樣，便會不加懷疑地持續下去。

國中時，教日本史的老師告訴我們一件事，讓我大受衝擊。

據說「繩文式土器」這種早期的土製器具，它的底部是尖的，這樣就能刺進土裡而不會傾倒。

四千年後的某一天，有個繩文時代的人說：

「每次都要將土器刺進土裡實在太麻煩了，乾脆去掉底部尖尖的部分，直接弄平不就好了。」

這下根本無需刺進土裡，放著即可。這樣方便多了，於是之後的土器，底部就都變成平坦狀了。

換句話說，**底部平坦比較方便這件事，花了四千年才發現**。老師告訴我們這件事太好笑了。想必眾說紛紜，但當時我幼小的心靈實在認為花了太長時間而大受衝擊。

然而，印刷技術的情形也差不多，據說最古老的「木版印刷」出現在西元七七〇年，是將所有文字刻在一片木板上。這樣的話，只要有一點小地方刻錯了，那片木板便報銷。

後來，約翰尼斯・古騰堡（Johann Gutenberg）發現將文字一個一個分開再組合起來比較合理，於是發明了**「活版印刷」**，那是西元一四四五年的事。出現「將文字一個一個分開」這樣的創意，竟也花了將近七百年的時間。

假設目前有些事情讓你傷腦筋。雖然你內心覺得不便，卻未改變做法，等到哪天發現了，或許已經過了五十年。為了避免這種狀況，希望你能意識到前面【步驟三】的「為何分類」，亦即「目的」為何？

下一章起，我將介紹生活中常用到的符合「四種目的」的分類方式。

①感覺「剛剛好」的分類方式
②「讓別人照我們的意思移動」的分類方式
③「自然而然整理好」的分類方式
④「商品、服務大賣」的分類方式

知道這四種分類方式後，日常中的諸多煩惱，有九成都可迎刃而解才對。

◉要「改變分類方法」，就要認識「分類方法的常識」，並加以質疑。

◉進行分類時的三個步驟。「一、寫出所有要分類的事物」、「二、寫出分類方法」、「三、意識到目的，選擇能夠解決問題的分類方式」。

◉分類的目的有四種。「一、剛剛好」、「二、讓別人照我們的意思移動」、「三、自然而然整理好」、「四、商品、服務大賣」。

第 3 章

感覺「剛剛好」的分類方式

如果外送披薩不是切成「八等分」的話

在日本，M 尺寸的外送披薩大多切成八等分。如果不是八等分的話，會出現什麼問題呢？

首先，我們來想想是否**「容易切」**的問題。

圓形披薩對半切開的話，就是 ½ → ¼ → ⅛。八等分比較好切。這種切法即便是菜鳥打工族也不會出錯吧。

如果切成十等分會怎樣？那就必須先把圓形披薩對半切開，再把每個半圓形切成五等分；恐怕得先以 2 ： 3 的比例切開，再將⅖的部分對半切開，將 的部分切成三等分。這種切法相當困難。

順帶一提，L 尺寸的披薩是切成十二等分。這種切法也是先對半切開，再切成 ¼，最後將 ¼ 部分再切成三等分。已經切成 ¼ 了，接下來雖然比直接對半切成 ⅛ 要難，但切成三等分應該沒那麼難才對。也就是說，**「誰**

【八等分的話】

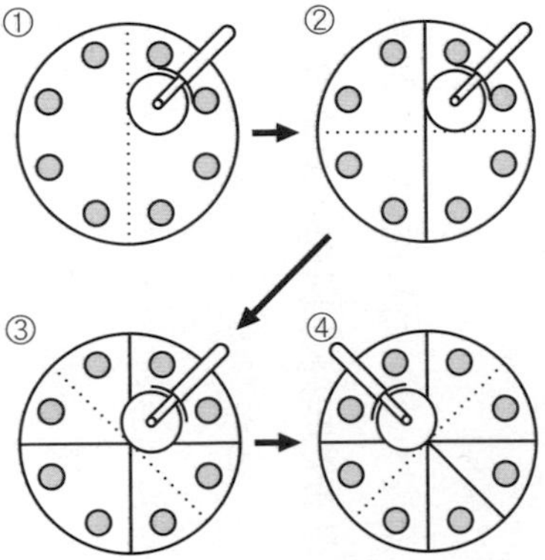

先對半切開，再切成 1/4→1/8。

【十等分的話】

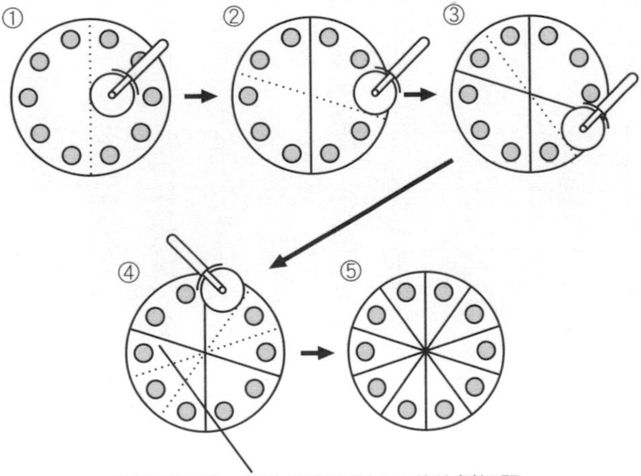

先對半切開，再將半圓形以 2:3 的比例切開，
然後將2/5的部分對半切開，將3/5的部分切成三等分。

都可以切得好」這件事，是劃分上的重要因素。

其次是「**方便吃**」的問題。

我們吃披薩時，是用手拿起披薩，再送進嘴裡。容易用手拿起且容易放進嘴裡的大小應有一定才對。如果切得太細，拿在手上時會軟趴趴，配料也會掉下來。反之，太大則不易拿也不易入口。因此，不是十等分也不是六等分，而是八等分，原因就在「剛剛好」。

最近有業者推出一次可享用兩種口味、四種口味的披薩，從這點來看，也是切成八等分才比較方便。如果每一片都切得太細，就有可能上面沒放到該放的配料。

接著，再從「**熱量**」的觀點來看。

每一片都切得比較小才方便調整熱量。切成八等分的話，雖然會依種類而不同，但每一片的熱量大約是一百五十到二百大卡。

一般而言，外食的話，五百大卡會被視為很健康，一千大卡就是大分量了。

以披薩來看，二片是三百到四百大卡，三片是四百五十到六百大卡，四片是六百到八百大卡。小朋友的話吃二片、女性吃三片、男性吃四到五片算是剛剛好吧。

如果將披薩切成六等分，每一片的熱量就有二百到二百七十大卡，二片就四百到五百四十大卡，三片就六百到八百一十大卡，四片就八百到一千零八十大卡。**八等分比較方便跟自己的肚子商量，調整分量。**

那麼，最後我們用**「美觀」**來衡量看看。

六等分的話，切割後的三角形頂角不是銳角，**銳角看起來才漂亮、好吃。**蛋糕也好、草莓也好，很多人都喜歡將那銳角送進嘴裡的瞬間。

M尺寸披薩切成八等分的原因，是綜合考量上述理由（容易切、方便吃、熱量、美觀）後決定的。當以絕妙的平衡劃分出來，人們就會覺得「剛剛好」。

反過來說，當人們感覺怪怪的、不方便時，那種分類方式就有問題。本章接下來要談談如何分類才會讓人感覺「剛剛好」。

劃分「有限資源」的三種分配法

要將數量有限的物品分配給幾個人，該怎麼分才會「剛剛好」呢？我們以「零用錢」、「草莓」、「褒獎」為例來說明。或許你覺得這些舉例有點突兀，但先別急，且聽我道來。

前面提過，我有四個女兒。每個女兒都很喜歡拿到「零用錢」。唉呀，大概很少有小孩子討厭拿零用錢的吧。我老婆不會把金額「平均」分配後再給，而是老大給最多，其次老二、老三，老么給的最少。

理由很簡單。**年齡越大，「需要的金額」就越多。**

分配有限資源的方法主要有三種——**「必要原理」、「平等原理」、「公平原理」**。

其中，「零用錢」適用「必要原理」。**「必要原理」這種方法，是將較多的資源分配給有其必要的人。**老大會跟朋友出去玩，用錢的機會較多，於是拿到最多的金額。我不知道老二是否理解這個道理，但至少比起老三和老么，她認同老大和老二應該拿到比較多的錢。也就是感覺「剛剛好」。

接著來談談端上餐桌的「草莓」。如果四姊妹同時在場，**老婆會將草莓數量公平分配好再端出來。**前一章提過水果、零食等整盤拿出來的事，我家四姊妹全都喜歡吃草莓，要是整盤拿出來恐怕是一場暴動。

和許多家庭一樣，草莓在我們家也不是填飽肚子的正餐，而是享用其美味的「點心」。因此，我們不會有的人多有的少，而是數量平均地拿出來。

之前介紹過，資源分配的方法有「必要原理」、「平等原理」、「公平原理」三種，草莓是以「平等原理」來分配。

「平等原理」法就是不管結果、貢獻度為何，將資源平均分配出來。例如飲酒會的「費用均攤」。當很難一個一個算出差異時，就用這種方法。

最後來看看「褒獎」。

考試過關。鋼琴發表會上努力演出。幫老爸抓龍（在我們家幾乎沒有……）。這種時候會給予當事人「褒獎」，例如請客、買蛋糕、買對方想要的玩具等。

這就是「公平原理」分配法。

「公平原理」是配合當事人的「貢獻度」而給予資源的一種方法。簡單說，就是努力的人分配到的比較多。若大家對貢獻度的判斷有共識，這種方法最能順利運作。上班的薪水基本上就是這種做法。

這部分很重要，容我再強調一次。

分配有限資源的方法有「必要原理」、「平等原理」、「公平原理」三種。

如果是為了讓人感覺到「剛剛好」，只要配合目的適當地選擇其中一種就行了。

你想進行分配的是零用錢？草莓？還是褒獎？

那麼，應該採用哪一種方法呢？

【三種分配方法】

1
必要原理
將較多的資源
分配給有其
必要的人。
2
平等原理
不管結果、
貢獻度為何，將資源
平均分配出來。
3
公平原理
配合當事人的
「貢獻度」而
給予資源。

為什麼KOKUYO的筆記本會大賣？

我上班的KOKUYO公司，最暢銷的商品無疑是「Campus筆記本」了，據說年銷量達一億本，是筆記本中的日本銷量第一。

為什麼筆記本會大賣到這種程度？理由當然很多，大家最常說的就是「價格合理，好用」。

那麼，為什麼好用？KOKUYO對筆記本的尺寸、形狀、格線的深淺等極為講究，做過各式各樣的調查。其中眾人認為影響好用度的最大因素是**「一行的寬度」**。

「Campus筆記本」有很多款，需求量最多的是B5尺寸，占全體的八成。格線的寬度則有下列幾種：

- **A格線／行寬7mm：**寬度較大，適合用來逐行書寫的人。

- **B格線／行寬6mm：最受歡迎的寬度，容易閱讀。**
- **C格線／行寬5mm：**寬度較窄，適合隔行書寫（也適合製作圖表）。

其他還有「U格線／行寬8mm」、「UL格線／行寬10mm」等。最暢銷的是A格線（行寬7mm）和B格線（行寬6mm），共占全體銷量的九成以上。順帶一提，「Campus筆記本」的封面，A格線的是粉紅色，B格線的是藍色（並非適合女性的是粉紅色、適合男性的是藍色）。

為什麼行寬7mm和行寬6mm會讓人感覺「剛剛好」呢？這是因為**很多人寫的字，大小約在六到七公釐左右**。只要在一張沒有畫線的白紙上寫字就曉得了，一般人寫字的寬度大約如此。

此外，製作簡報資料時，大家最常使用20字級，其大小也是7mm左右。

換句話說，易寫、易讀的大小是「高6～7mm」，這樣的大小製造出「剛剛好」的感覺。

既然已經決定好筆記本本身的尺寸，那麼決定「一行的寬度」就等於決定一頁中「要設成幾行？」。這也是「分類方式」問題。

「Campus 筆記本」的 A 格線是三十行，B 格線是三十五行。實際看一下筆記本就會知道，三十到三十五行是眼睛看一次所能獲取的最大資訊量，再多就有壓迫感了。

補充說明一下，雖有個別差異，A 格線的話，一行大約可寫二十四個字，B 格線的話，一行可寫二十八個字。此外，人氣創意大師糸井重里開創的《幾乎日刊糸井報》，其網站每一行的字數，就是設定成眼珠不左右移動便能看見的「二十七個字」。這樣的字數，也是讓人感覺「剛剛好」的要素吧。

在調查多數人的使用狀況後，將文字的高度（寬度）、格線的長度、行數等分配得「剛剛好」，是「Campus 筆記本」獲得「好用」評價而深獲支持的原因。

大致「分成三個」比較容易進行

「剛剛好」分配法之所以有效，就是「大致分成三個」。或許聽起來有點扯，但這點確實極其有效。

衣服、飲料的大小大致分成「S、M、L」三種。照理說，衣服也應當像鞋子那樣，詳細備好各種尺寸以合乎顧客需求才對，但對廠商和店家來說，這種做法沒效率。

提供最低限度的三種選擇，店家就不必準備大量的庫存，消費者也能選擇自己感覺「剛剛好」的產品。

其實不僅衣服的尺寸如此。

將商品分成**「松、竹、梅」**。
將類別分成**「衣、食、住」**。
將消費者分為**「富裕層、中間層、貧窮層」**。

將閱聽大眾分為「F1層、F2層、F3層」＊。

從**「跑、攻、守」**三要素評斷一名棒球選手。

「吉野家」標榜**「好吃、便宜、快速」**三大特色。

「二個」的話感覺太少，「四個」又太多而麻煩。買飲料時，如果店家說「有S和L兩種」，會覺得沒什麼選擇，但如果說「有S、M、L和LL四種」，也會搞不清楚吧。果然還是「三個」剛剛好。

重點是「大致」分類。

將「獲得世間資訊的方法」大致分類一下，目前的話，是「電視」、「網

＊F1層、F2層、F3層：日本的收視率調查公司和廣告代理商經常以年齡層區分閱聽大眾，其中F1層指二十到三十四歲女性，F2層指三十五到四十九歲女性，F3層指五十歲以上女性。

路」、「平面媒體」。

將「平面媒體」大致分類一下，目前是「報紙」、「雜誌」、「書籍」。再將書籍大致分類一下，可分為「單行本」、「新書」*、「文庫本」。

容我再重申一次，重點在於大致分類。「獲得世間資訊的方法」其實還有「收音機」、「聽別人說」等，「平面媒體」也有「雜誌書」（mook）、「免費刊物」（Free Paper）等，「書籍」的單行本也有所謂的「四六版」、「A5版」等。

可是，如果將平面媒體分成「報紙」、「雜誌」、「雜誌書」、「免費刊物」等，恐怕記不起來吧。不如將拉里拉雜的歸為「其他」，不必記到那麼仔細。

先大致分成三個，這樣就會好整理多了。

---

* 新書：一種尺寸比文庫本稍大一點的書籍，大約是103×182mm左右，多為學術書、實用書等。

嚴禁濫用！故意不分成三個的技巧

分成三個可給人剛剛好的感覺，也容易讓對方明白。套句諮詢時常說的話：「重點有三個。」

不過，容易讓對方明白這點也有壞處。

我向客戶提議辦公室的空間配置方案時，會將重點分成三項來說明。

1. 可供討論時提出想法的討論空間。

2. 可供跨部門輕鬆交換資訊的喝咖啡空間。

3. 可讓人有效率地下決策的決策空間。

大致是這個樣子。對客戶而言，重點已經整理得條理分明，因此(應該)很容易理解。

不過，有時候就是因為很容易理解，對方會覺得：「那樣的話，根本不用拜託你，我自己來就行了。」我把重點濃縮成三個，但其實要做的事情非常多，一點都不簡單。可是，正因為說明太過簡潔，對方往往覺得那就沒有必要掏錢請人來，自己也能搞定。這種情形我已經碰過好多次了。

因此，有些提案我會故意不將重點分成「三個」，而是分成「五個」，結果，認真聽了第一個、第二個重點的客戶，到了第四個重點時就會說：**「我已經知道了，就交給你吧。」**

希望對方把工作交給你，就刻意不將重點濃縮成三個，而是搞到五個、七個，使之複雜化。史蒂芬・柯維（Stephen Covey）寫了一本世界暢銷名著《與成功有約：高效能人士的七個習慣》（The Seven Habits of Highly Effective People）。如果書名是《與成功有約：高效能人士的三個習慣》，讀者還會掏錢買單嗎？

有些場合不要分類得太簡潔，刻意製造出「當場記不起來的數字」反而有效。

◉探討可製造「剛剛好」感覺的幾種分類方式。

◉有三種分類方式：因應必要的「必要原理」、平均分配資源的「平等原理」、符合貢獻度的「公平原理」。

◉「大致分為三個」非常有效。

◉有時故意不分成三個，反而能讓對方把工作交給你。

第 4 章

「讓別人照我們的意思移動」的分類方式

為什麼動物園的獅子都睡在裡面？

這是很久以前的事了。我讀幼稚園時，有一次住家附近舉行廟會，我拿到了一隻雛鳥。好不容易說服爸媽後，我把牠養在瓦楞紙箱裡。

四歲的我第一次養寵物，開心得不得了。我用簽字筆在紙箱底部畫線，寫上「睡覺房間」、「廁所」、「廚房」。

想也知道，這隻小雛鳥不會照四歲小孩的意思做。牠在「廁所」睡覺，在「廚房」大小便。我那幼小的心靈很受傷。

類似的事情也能在動物園經常看到。站在人類的立場，我們希望柵欄裡的獅子能夠面對我們做獅子吼，希望孔雀能開屏才像孔雀。

然而，事與願違。動物們總是在柵欄深處慵懶地睡大覺，很多時候更是躲在岩石裡、樹林裡，甚至根本不知牠們跑去哪裡。只能遙望一坨坨大便的情形也不是沒有。

北海道的「旭山動物園」透過一種名為「行動展示」的手法解決了這個問題。這件事很有名，應該很多人都知道吧。

在「北極熊館」，遊客可親眼觀看北極熊跳進水中吃飼料的情景。「海豹館」有個筒狀的壓克力水槽，遊客可欣賞海豹穿過水槽的模樣。這是仔細觀察動物的習性後，善加分配有限空間的成果。這樣的空間分配會讓動物想活動，而且能讓遊客看見牠們活動的情形。

其實，這種空間分配法不限於動物園，也能應用於人際關係。若能好好運用「讓別人照我們的意思移動」這種分類方式，就有可能解決會議、車站、店鋪、學校等所有場面及空間的問題了。「分類方式」能大大改變人們的活動方式。我們來看看這些案例。

電車客滿，「乘客不願往裡面擠」的問題

不好意思有點突兀，請先把自己設定為鐵路公司的員工。**眼前的課題是，車廂全部客滿，「乘客不願往裡面擠」**。那麼，現在就用改變「分類方式」的做法，來思考如何解決這個問題。只是天馬行空地想一想，就像做一場頭腦體操般，放輕鬆地進行吧。

客滿的電車中會有許許多多的問題。

坐著的人，他的腳會妨礙到別人。

很多人背著背包，因此沒辦法走到裡面。

找不到搆得到的吊環，因此只能以扭曲的姿勢勉強撐著。

一個不自由與不滿形成漩渦的環境。這就是客滿的電車。

即便車上的乘客越來越多，大家還是喜歡擠在門口。就算想走到比較空的地方，但只要站在動線上的人不想動，你也沒輒。車內響起的「請往裡面移動」廣播聲，因為許多乘客堅決留在門口附近而變得毫無意義。

那麼，怎麼讓人願意往裡面移動呢？哪會有「分類方式」解決不了的問題！「讓人往裡面移動」的障礙之一，就是乘客有種心理：「不願前往不安穩的地方。」乘客的處境主要可分為三種：

1. 坐在座位上。

2. 抓著吊環或扶手，穩穩地站著。

3. 距離吊環和扶手有點遠，因此站得不安穩。

當然，最理想是1，至少也希望是2，誰都不願成為3。就是這種心理作祟。那麼，最容易陷入3狀態的地方是哪裡？就是第一一五頁圖的「C」部分。距離座位前那一整排吊環很遠，且前後都是人而有壓迫感。再說，連面向哪一邊才好都不曉得了。

這種不安穩的地方，正是車內廣播說的「裡面」，不願站在那種地方是理所當然的，難怪乘客不往裡面擠。

因此，只要讓左圖「C」的部分多少舒服點，應該就能解決「乘客不願往裡面擠」的問題了。

於是，我想到一個方法，就是如左圖般，**將車廂地板劃分成三種顏色，例如黃色（A部分）、橘色（B部分）、綠色（C部分）**。或許你不認為劃分顏色能改變什麼，但我認為這麼做的效果將超乎想像。

首先，可以明確指示出坐著的乘客雙腳擺放的位置。這是黃色部分。每個人的坐姿和腳長不同，有時會看到把腳伸到很前面的乘客。碰到這種狀況，站在前面的人就不得不後退，甚至退到左圖的B、C交界處；而且這個人的站姿會變得很彆扭，自然妨礙到站在C部分的人。

光是一名乘客將腳往前伸，就會導致這樣的負面連鎖反應，且這種連鎖反應在車廂內隨處可見。

因此，如左圖般在地板上劃分三種顏色，就能明確指示出雙腳該放在哪裡。這麼一來，坐著的人就會留意不把腳過度往外伸出去，而且站在B

【為了讓乘客往裡面擠，在車廂地板上劃分三種顏色】

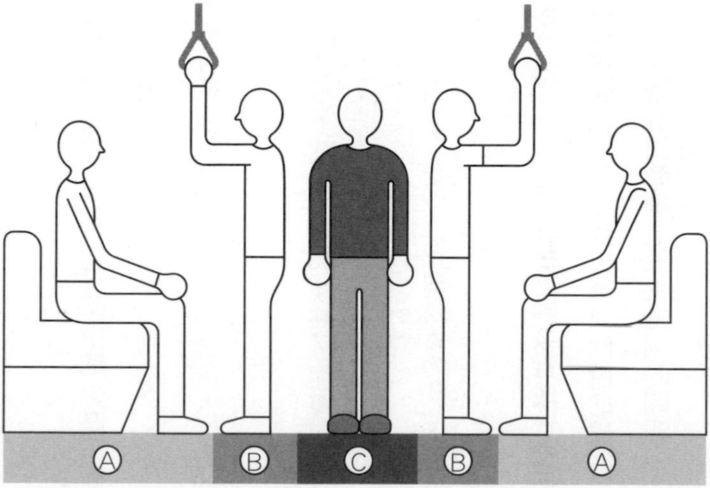

即便想往裡面擠，但 Ⓒ 部分沒有吊環，不容易站穩，且前後有人而有壓迫感，難怪乘客不願過去。要是在地板上劃分三種顏色，例如黃色（Ⓐ 部分）、橘色（Ⓑ 部分）、綠色（Ⓒ 部分），每一區塊的人的位置不就很清楚了？

部分的人若是踩到Ｃ部分，站在Ｃ部分的人也比較能夠說出：「不好意思，請你站過去一點好嗎？」

再來，**為了方便大家往裡面移動，電車中間也應該安裝吊環才對**。就算不是有把手的吊環，如果能從天花板安裝一根扶杆，安裝在高一八五公分左右的地方，我想大部分的人都搆得到，光這樣就大大方便人們往裡面移動了。

其實，我平時搭的公車上就有這樣的扶杆，往裡面走真的很方便。

當然，鐵路公司和車廂構造都有種種複雜的狀況，這方面我的確是個門外漢。

不過，我想表達的是，**「不要將整個區域當成一整個區域，而是分成幾個不同的屬性並加以視覺化，就能找出解決問題的線索。」**接下來，我們就利用這種方法來思考如何解決商場上經常碰到的問題。

演講、座談會上，令參加者滿意的「椅子排法」

舉辦演講、座談會，這樣的機會不是在公司擔任相關工作的人才有，只要是上班族都會經常碰到吧。這種時候有件事很傷腦筋，就是會場「椅子的排法」。尤其會場不放桌子只放椅子時，因為配置方法的自由度高，反而傷腦筋。

配置椅子時，須考量的事情主要有三個。

1. 讓參加者能坐得舒適。
2. 估計實際會到場的人數。
3. 讓大家盡量往前坐。

邊想像這三件事邊排椅子。話雖如此，關於第二件事，我想很多時候不到最後關頭不會知道到底來多少人吧。

例如，一百人報名參加的話，我們常見到的排法是，排五張椅子後，留一條通道，再排五張椅子，留一條通道。

然而，這種分配方式會產生各種問題。首先，**早來的人會坐在「旁邊」**。結果，後來的人就得邊說：「對不起，借過一下。」一邊走進中間的座位。不論先來後到，我想人人都沒法舒舒服服地入座。

此外，**主辦者都希望早來的人能先從前面的位子坐起**。這樣，後來的人才容易就座，且前面的位子坐滿，講師才方便演說。主辦者的心思不難理解。

不過，早來的人就是為了可選擇喜歡的座位才早來的。早來卻被要求「往前面坐」，誰會樂意？恐怕會「不爽」吧。

即便如此，最後整場客滿就好，但經常是只來報名人數的六到七成而已。如果一百人報名卻只來六十人，分配得不好會導致空位相當明顯，予人一種「小貓兩三隻」的印象。你說，講師怎麼提得起勁呢？

那麼，座位該如何配置才能解決這些問題呢？我企畫過座談會，試過

【五席一排的狀況】

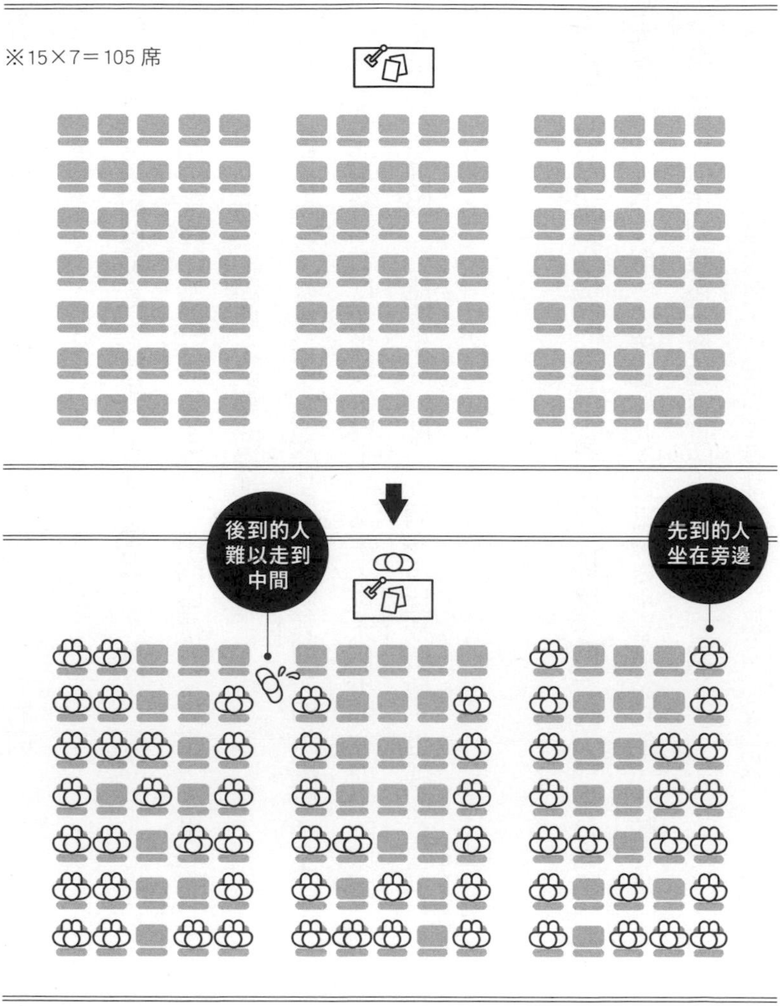
※15×7＝105 席
後到的人難以走到中間
先到的人坐在旁邊

由於先到的人坐在「旁邊」，後到的人便難以走到中間。
此外，若只來六成左右的人，前面的座位就填不滿。
整個會場予人空蕩蕩的印象。

各種方法，最後**得出「二席一排」就能搞定。**如第一二三頁的圖，二張椅子一排，中間夾著走道。

這種排法最大的優點是每個座位都在「旁邊」。五席一排的話，旁邊座位是最右邊和最左邊，其餘三個位子都是「中間座位」。可是，如果二席一排就沒有中間座位了，因此「坐哪一邊都舒服」。

而且，這樣做以後，我發現不必說什麼，自動往前坐的人就變多了。坐前面本來就比坐後面看得清楚投影機上的文字，可人們不願往前坐的原因之一是坐起來不舒服。若能確保舒適度，人們多半比較積極，也就願意自動往前坐了。

或許還是有人抱持懷疑，因為不論五席一排或二席一排，都不會知道「當天實際來的人有幾個」。確實如此。最近臉書上有邀請功能，比較容易事先掌握人數，但不到最後不會知道實際人數，這是實話。

不過，演講會或座談會，通常參加者都會事先「報名」。換句話說，「可以知道報名人數」。也就可以說：

來的人數不會超過報名人數。

這點很清楚。進一步說，報名的人全部都來的可能性很低。當天，一定有人因其他事情或者嫌麻煩而沒來。尤其當天才付款的演講會和座談會，肯定有人臨時取消。

這種情況，**雖說有一百人報名，但最好不要一開始就排一百張椅子。**先排七十張就好。假設只來七十人，這樣也能客滿。

如果來了七十人以上，再將準備好的椅子補排上去。這樣既能製造「爆棚」盛況，參加者都能從前面把位子填滿了。

【二席一排的情況】

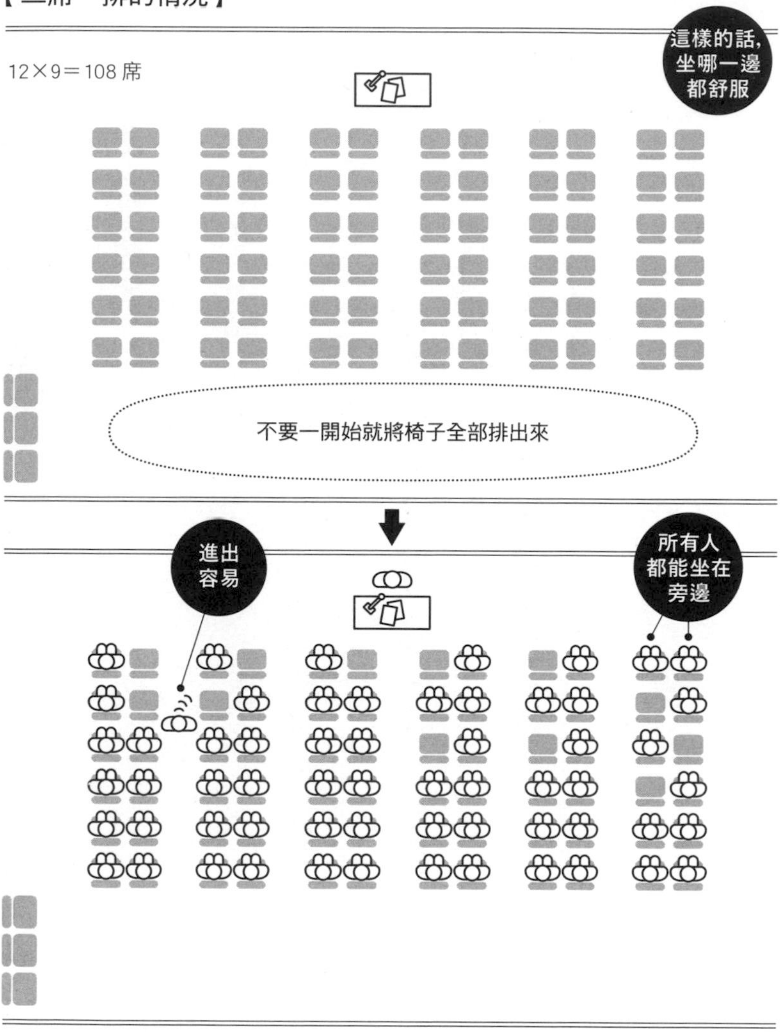

二席一排的話，大家都能坐在「旁邊」，進出時都能保有舒適性。

此外，不要一開始就把報名人數的椅子全部排上去，而是後方的座位稍後再補上。這樣既能將前方的座位填滿，若是參加人數太少，也能予人全部坐滿的印象。

為什麼公司內部的交流不活絡？

辦公室內的物理性配置（空間規畫方式），對於員工是否互動熱絡有著莫大的影響。若要改善很多經營者掛嘴邊的「公司內部交流不足」，該如何分配辦公室空間才好呢？

順帶一提，這件事不是經營者和總務人員了解就好。**了解客戶辦公室的配置，看出其問題點，對很多商務人士而言極為重要。**

工作上的交流可分為三種。

1. 自部門（上司、同事）
2. 他部門
3. 公司外部

依部門劃分辦公室最大的缺點是「與他部門的交流不足」。

光是不同樓層這件事，就會造成與他部門的交流少掉非常多，因為大家都會分「這邊」、「那邊」。二樓的企宣部對於三樓業務部的要求，會說：「那是三樓的要求。」這樣下去，日常性的交流根本無法進行。

追根究柢，要解決這個問題，就將各部門集中在同一樓層。例如，**以「朵茉麗蔻」（Domohorn Wrinkle）化妝品聞名的「再春館製藥」，就將一千名員工集中在一個樓層，然後中間放一顆「大鼓」**，行政管理人員、顧客服務中心、研究開發部門等全部配置在大鼓四周，若有緊急的客戶要處理、發生問題時，只要一敲大鼓，相關人員立刻過來。

身為一家以電視廣告提高商品認知度、以電話接受訂單的公司，迅速處理客訴應為最優先事項吧。

話雖如此，我也完全理解，貴公司不可能立即搬到一個一層樓的地方去。因此，我提議的方法是**「把部門主管的位子全部集中在一起」**。事實上，我上班的KOKUYO公司就規畫出將部門主管集中在一起的辦公室。

要活絡與他部門之間的交流，「主管之間的交流」極為重要。部門主管要是不對盤，底下的人也會出現嫌隙，這種情形並不罕見。

因此，將部門主管集中在一起，主管間便會交流頻繁，並且共享公司的重要資訊。由於能當場討論重要的懸案，裁決速度也會更快才對。

此外還有一個好處。下屬要做報告、聯絡、討論時，通常都是下屬到主管那裡去。營業部職員來向營業部主管進行的報告或討論，以及主管下達的指示，其他部門主管也會聽到。這麼一來，**各部門主管皆能掌握其他部門的狀況**，等於大幅提升公司內部的資訊共享狀況。

如果有些事情不願讓其他部門聽見，再找其他地方進行即可。

像這樣，質疑「辦公室都是以部門來劃分」這個常識，進而改變劃分方式，便有可能改變整個公司的互動情形。

以家庭來說，要增加「一家團聚」的時光，就將客廳加大，要重視每個人的興趣及獨立性，就將個人的房間加大。

同樣地，要促進公司部門之間的交流，就將區隔部門的「那道牆」打掉。

如果你也想改變組織的活動狀況，不妨思考一下該如何進行「空間分配」，才能讓大家更容易、更自然地互動。

我想再補充一件事。本項目剛開始的地方，我寫道：「了解客戶辦公室的配置，看出其問題點，對很多商務人士而言極為重要。」

到這裡，我都是在談如何改造「自己公司」的空間配置，但是，我們不妨也來看看顧客或是日後可能往來的公司的空間配置。

例如，「製作部門」與「營業部門」在不同樓層或是不同建築物裡，他們之間的交流可能會不太順暢。

即便同為製作部門，如果「第一製作部」及「第二製作部」之間用隔板高高區隔開來，彼此便有強烈的競爭心，也就難以共享資訊了。

若能知道這些狀況，當要向對方表達我們的要求時，或許能預測到對方公司會碰到什麼問題，而能事先疏通、解決該問題點。拜訪其他公司時，請務必觀察一下該公司的空間配置，應該會有許多的發現才對。

「停車場的寬度」會影響來客意願

幾年前我回神戶老家時，和母親開車到附近超市購物。母親雖然七十多歲了，到附近的話還是自己開車。她常去的那家超市不遠處開了一家新超市，我提議去那裡看看，母親卻說：「那裡停車格太窄了，我不想去。」原來如此，雖是芝麻小事一件，但停車場的「寬度」也會帶給客戶正面或負面印象。

榎本篤史的《地點學》中寫到，停車場的形狀與入口位置等，只要有些微差異便會大大影響「集客效果」。例如最近越來越多以「U字形雙線」來劃分的停車場，很多人就感覺到比用「一條線」來劃分的停車場好停車。

其實這麼做應該會讓停車格變窄才對，但據說這是為了讓人錯以為與隔壁的距離拉開了。

日本的「客美多咖啡」都是將停車場的入口與出口分開設置，停車更方便。他們堅持先設計好停車場再設計建築，用心可見一斑。

臺灣有 A、B 兩家日本人也很熟悉的百貨公司，據當地人表示，A 百貨公司的停車格較寬，因此開高級車的有錢人都去這家。

另一方面，B 停車場的停車格較窄，來客多為一般庶民。也就是說，**停車格劃分的寬度，也會影響到來客的屬性、數量以及消費金額**。

順帶一提，高速公路休息區的停車場都是讓人「斜停」，理由是，這種從車頭停進去的斜角停車格，倒車方向一定與行進方向相反，這樣就能防止「逆向行駛」。

這種形式的停車格在美國十分常見，他們稱之為「Angle Parking」，因為可直接從車頭停進去，非常方便。希望這種停車格也能在日本更普及。

◉改變空間配置，可大大改變人們的活動狀況。

◉改變「地板的顏色」，就能明確標示站立位置。

◉安排演講會、座談會的座椅時，建議排成「二張一排」。

◉要促進公司內部的交流，可將「部門主管集中在一起」。

◉觀察客戶公司的空間配置，就能了解對方的優點及缺點。

◉光是改變「停車格的寬度」，客層就會跟著改變。

第 5 章

「自然而然整理好」的分類方式

打破「衣服整理常識」的分類方法

我們家有六口人，最傷腦筋的就是持續增加的「衣服」。雖說女兒們並非那麼愛打扮，但隨著升上國中、高中，衣服的尺寸會越來越大，數量也會越來越多。

又因為老么才上小四，因此我們會把姊姊們穿不下的衣服留起來，日後給她穿。

從前，我們老是嘮叨：「把衣服收好！」但櫃子上面的衣服仍然繼續往上堆，連客廳都經常丟著不知道是誰的衣服。

身為每天都得收拾衣服的父母，我們認為這個問題很嚴重，於是決定一起討論對策。我們看到兩個問題點。

問題一：衣服（內容物）的數量比能放入收納櫃（容器）的數量多，因此空間不夠。

問題二：對於不斷增加的衣服，我們沒有建立淘汰標準。

必須有緩衝（多餘）空間

先談第一個問題。我們老對孩子們說：「把衣服收好！」但後來發現，要收拾的衣服（內容物）數量比能放入衣櫃、收納箱（容器）的數量還要多。因為「物量」大於「容量」，不可能完全收好。

硬塞也是塞得進去才對，但那會拿不出來，也會不想認真整理。至少目前的狀態是沒有可供整理好的緩衝（多餘）空間。沒有多餘空間，收拾衣服成為苦事一樁，常用的衣服就會隨便擱在櫃子上，然後日積月累，整理起來益發痛苦，也就不斷惡性循環。

和妻子商量後，**我們買了兩個有五個抽屜的「收納箱」。結果你猜如何？衣服亂丟在客廳的情況突然消失了。**只是決定哪個抽屜給誰用，只是規定「反正要放回抽屜裡」，大家就體會到東西是要整理的了。

只要明確劃分出自己的收納場所，就算裡面沒那麼整齊，要找也不難。所以說，我們需要的是維持一個緩衝（多餘）空間。

將衣服分成「一軍、二軍、三軍」

不過，過了一年，衣櫃上又開始堆起衣服了，客廳也是東一件、西一件。一年中，我們買了一些衣服，也從朋友那裡拿到一些衣服。

與之相比，淘汰的衣服並不多。買了五件，要是沒丟五件，總量自然增加，但實在沒辦法輕易斷捨離啊。

於是，第二個問題「沒有建立淘汰標準」就非設法建立不可了。

然而，若用那老套的「需要、不需要」、「可用、不可用」來分類，可想而知，沒多久便會再度亂七八糟。因為很多人都用這招，很快就「打回原形」了。

得想出個能夠毫不勉強、自然而然淘汰的標準才行。於是，我們注意到**衣服的「類別」**。

通常，衣櫃的內部構造會依衣服的類別區隔好。這樣的好處是容易找，但幾乎不穿的毛衣和經常穿的毛衣放在同一櫃裡就會亂糟糟。衣櫃裡分散著一些「淘汰候補」衣服，「該淘汰的衣服」就不明顯了。

於是，我們試著將毛衣、裙子、外套等在衣櫃中分成「一軍、二軍、三軍」。它們的屬性如下：

一軍：喜歡且常穿的衣服
二軍：雖不喜歡，但偶爾會穿的衣服
三軍：幾乎不穿，但丟掉會覺得「可惜」的衣服

當然，連三軍都進不了的衣服，就丟掉、捐出去，或是拿到二手衣店去。

一軍：放在衣櫃最容易拿的地方。

二軍：放在衣櫃的其他地方。

三軍：放在紙箱裡。

或許有人覺得，把衣服收進紙箱中，不就代表遲早要丟掉，那麼裝箱又有何意義？其實不然，分出三軍這件事很重要。

捨棄需要勇氣。將電腦桌面上的檔案丟進「資源回收筒」中並不會徹底刪除，因此可以輕鬆地放進去。放進這裡的檔案幾乎是不要的，但有時會有突然想救回來的。

三軍的紙箱就跟電腦的「資源回收筒」一樣。先丟進那裡，如果半年、一年都沒穿，再拿到二手衣店就行了。

補充一下，比起男性，女性會有較多平常不穿的衣服，例如「婚禮」、「正式場合」才穿等。這類特殊活動用的服裝另外保管起來即可。

我們這樣做以後，從「立刻丟掉」、「可惜」壓力中解脫出來的女兒們，都能乾脆地將衣服丟進三軍紙箱裡了。

結果，我們家的「衣滿為患」問題順利解決了。不但衣櫃保有適度的緩衝（多餘）空間，環境也變得容易整理了。

對於「以類別區分衣服」這個常識加以質疑，改以「一軍、二軍、三軍」這種另類發想來區分，終於達成「毫不為難地整理」這個目的了。

那是文件？還是雪山？

很多人都有「辦公桌上亂糟糟」的煩惱。其實，這問題可以用之前說明過的「衣服的整理方式」來解決。

桌上亂糟糟的人，往往文件、資料堆積如山，讓人擔心弄個不好那些文件就會堆成雪山然後發生雪崩。桌面簡直變成置物空間，真正用來辦公的空間只剩一點點。

二十年前我想過，隨著數位化而越趨無紙化，辦公桌上應會比較清爽才對，但結果完全沒這個跡象。有人問過我：「KOKUYO幾乎無紙化了吧？」我想一時可能還達不到這個境界。

過去我在研究部門時，曾經調查過辦公桌面的使用情形。

標準辦公桌的尺寸是寬一二〇到一四〇公分，深七〇公分左右。電腦放在桌面中央，然後前方有個可放A4紙張的空間（寬八〇公分左右，這就是辦公空間），很多人都是邊看這個空間邊敲鍵盤。

電腦的左右側是放置物品的空間。多半用左手拿的電話放在左邊，用右手寫的文件、筆記等則多半放在右邊。

根據數年前的調查，**將每個人的紙張堆起來，竟然高達四公尺**。這些紙張分別放在「桌上」、「抽屜」、「收納櫃」中。順帶一提，辦公桌抽屜的第一層多半放「文具」，第二層多半放「私人物品」，能有效收納「文件」的只有第三層。

越是不會整理的人，他的物品越會壓迫到辦公空間。

那麼，這些堆在辦公桌上的文件（資料）該如何整理呢？

文件可分為**「流通性文件」**和**「收藏性文件」**二種。

「流通性文件」指的是日常工作要用，「不用以後就可丟掉的文件」，例如會議資料、提案書等。

「收藏性文件」指的是會計帳單、業務上的契約書等「不太拿出來看但長期保存下來的文件」。

關於「收藏性文件」，我想今後會越來越電子化，但目前大多還是在紙張上打洞，然後用活頁夾釘起來。這些文件因為有一定的保存期間，或者為了避免與客戶發生糾紛而保存下來的，因此無法憑個人判斷任意拋棄。

於是，日常的會議資料、聯絡資料等「流通性文件」該如何分類整理，成為整理辦公桌的最大重點。

這麼做，九成文件都可丟棄

每天送到手中的「流通性文件」該如何妥善處理呢？

從結論來說，要整理這類文件就要轉換思考，從「區分出可以丟棄的」轉換成**「區分出該留下來」**。

這些別人拿過來的文件，我們不要從中尋找「可以丟棄的」，而要從中嚴選出「應該保留下來的」。這麼做以後，別人拿過來的文件九成都能立刻丟進垃圾桶中。

首先，流通性文件分成三種：

1. 會用到

2. 不知道會不會用到

3. 不會用到

一般而言，我們都是以「會用到」或「不會用到」為判斷標準來分類手邊的文件。可是，「搞不好會用到」、「日後可能需要」等文件總是叫人難以丟棄。

因此，在這個階段就先保留第二項的「不知道會不會用到」。聰明的讀者應該已經想到了，前項「衣服的整理」時我提出的「三軍」，在這裡就是「不知道會不會用到」。

第一項的「會用到」，以我的工作狀況來說，指的是「一週以內」我會邊看著它邊寫電子郵件向上司報告，或者將它當成工作參考資料的文件。比起說「會用到」，我想更接近「馬上會用到」。至於「馬上」是一週內或一個月內，因工作內容而異，自行決定即可。

第二項的「不知道會不會用到」文件就很多了**請準備一個可放入這類文件的大箱子，取名為「暫時保管箱」，然後不必特別整理放丟進去。**這時候有個重點，就是在文件的顯眼處註明**「日期」**。

放進去時，當成是將檔案丟進電腦桌面上的「資源回收筒」就行了，也就是「可能用不到，但還不想刪除」。這樣的話，由於不是徹底丟棄，便能乾脆地將文件放進去了。

將文件放在這個「暫時保管箱」中二個月，然後，箱底就會累積一些「丟掉也沒差」的文件了。這麼一來，就能毫不猶豫地送進碎紙機。至於「暫時」是二個月或半年，也是因人而異。

假設放入箱中的哪個文件突然要用到，就先查一下拿到那份文件的日期，然後到「暫時保管箱」中尋找。只要事先在文件的顯眼處寫上日期，要從日期越新放越上面的保管箱中找出來，應該不致太困難吧。

整理衣服時歸為「三軍」的，整理文件時歸為「不知道會不會用到」的，幾乎都是出於「或許將來會用到」心理而令人無法「立即」丟棄。

既然如此，就先將這些文件放進「暫時保管箱」中，製造一個丟棄前的助跑區吧。等到預定期限來到，該丟的就該丟了，這樣便能乾脆放手，不會於心不安。

至於分在第三項的「用不到」文件，當然就是直接送進碎紙機或丟到垃圾桶中了。

有「傳達力」的三種分類方式

接著，我們要從「物品的整理」進入「資訊的整理」了。工作上見到說話沒頭沒腦的人，難免內心嘀咕：「你就不能把要講的話整理一下再講嗎？」

可是，一旦自己站在那個立場，就知道有多難了。我目前的工作需要經常面對人群說話，但從前我光是把自己想講的話按照順序說出來，就會拉拉雜雜說成一大串了。

直到我學會「分類的技巧」，提案和說明才終於不再痛苦。具體而言，先將要說的內容分成「三個」部分。

1. 開場
2. 中段
3. 結尾

再思考各部分要說什麼。

我們以十五分鐘左右的提案來思考吧。這時候，可設定為「開場」三分鐘、「中段」九分鐘、「結尾」三分鐘。

「開場」部分最重要，要是講壞了，對說者、聽者都是一段難熬的時間。

首先，必須讓聽者確實理解「這次提案的目的為何、問題為何」。重點在於讓聽者認為**「這是我的事情」**。例如，要談「日本邁向少子高齡化的準備」，就不是談「關於老後生活的資金」，而是詢問聽者：「你認為你到七十五歲的時候必須要有多少存款？」「開場」的目的就是像這樣讓聽者的耳朵豎起來。

接著，如何組織「中段」的內容呢？

整個提案設定為十五分鐘的話，這一段達九分鐘，是最長的部分。**那就將這一段分成三部分，每一部分整理成三分鐘左右。**三分鐘大約是四百字稿紙三張左右，也不少了。

例如，要談「日本邁向少子高齡化的準備」，就分成「一、老後的資金」、「二、老後的健康」、「三、老後的生活方式」三個觀點來說明。即便整個提案時間更長，中段內容也是分成三到五個部分就好；資訊量太多的話，聽者也無法理解，不妨將每一部分的時間拉長。

最後是「結尾」。

這部分要能動之以情。人不是理性動物，是感性動物，也就是說，動之以情這件事從「理性」來看也是很重要的。例如，若說些類似「年輕時好玩揮霍，老後生活困苦且疾病纏身，以致晚景淒涼」的故事，就能動之以情了。

說完這類故事後，再說：「現在，各位面對老後生活該準備好的事，就是〇〇。」聽者多半都能認同。

像這樣將整個提案分成三部分，明確區分出討論的目的與內容，就不會覺得提案困難了。

活絡會議氣氛的三種分類方式

既然談到了提案內容的分類方式，接著，我們就來思考活絡「會議」氣氛的分類方式吧。**「會議上大家都不發言」**這種窘境，只要用點心思加以分類，便能活絡討論氣氛了。

這是某家公司實際發生的故事。

近年來，很多企業都在討論「上班方式的改革」議題，亦即，一方面接受在家工作、彈性上班等多樣化的工作方式，一方面還要提高生產性。那家公司的老闆指示人事部主任邀集各部門主管及一名該部門的年輕人共同參加會議。會議室中，人事主任坐在中間，各部門主管及該部門受賞識的年輕人全部到齊了。

人事主任：社長指示，關於公司上班方式的改革，不能只由高層和人事部門來思考，也要聽取年輕職員的心聲。今天，不必管你是主管或是年輕職員，都請盡量發言。那麼，針對上班方式的改革，哪位有何高見？

眾人：……

人事主任：什麼意見都可以喔。

業務經理：最近大家常在說「平衡工作與生活」、「減少加班」等，但我認為這樣無法達到公司要求的業績。

人事主任：這樣啊。

研發經理：沒錯，尤其趁年輕多加班多學才能盡快獨當一面。

人事主任：不知道在座的年輕職員有何意見？

眾年輕職員：……

人事主任：請盡量發言，什麼意見都可以。

業務部職員：……。我覺得我們經理說的有道理。

人事主任：還有沒有其他意見？

眾人：……

人事主任：我以為各位會更踴躍發言的……

刻意將各種立場的人集中在一起發表意見，整場會議依然熱不起來。資深職員發表意見，年輕職員靜默不語，這種情形經常發生。

雖然人事主任希望大家踴躍發言，但年輕人會覺得在上司面前最好別隨便開口，如果不配合上司的意見，之後可能不妙。那麼，該做何分類才能解決這問題呢？這裡介紹三種分類方式。

1. 分出發言的順序

先問年輕職員，再問部門主管。以前述案例來說，最好不要問大家：「誰都可以，哪位有意見？」應該先指定看起來有意見的年輕職員，由他開第一槍。例如像這樣討論就不錯：

「如果由主管先發表意見，年輕職員恐怕不敢發言，因此，我們先聽聽年輕人的意見吧。那麼，業務部新人加藤，請問你有什麼意見嗎？」引導加藤發言。

分出「聽年輕人意見的時間」，然後是「聽主管意見的時間」，光是這樣，年輕人就容易發言多了。這時的重點是，先在腦中分出「像是有意見的年輕人」與「像是沒意見的年輕人」，然後**先點名「像是有意見的年輕人」**。這麼一來，其他人也能參考如何發言。

通常，有意見的人會看著上面（前方），沒意見的人會看著下面。最糟糕的做法是催促看著下面的人說：「喂，山田，別看下面，從你開始發言。」這會讓會議氣氛瞬間凍結。

不過，即便年輕人提出活潑的意見，也可能因為後來資深前輩的否定性意見而不再開口，這時可併用下個方法。

2. 分為優點與缺點

例如，你可以這樣鼓勵大家發言：

「我認為『平衡工作與生活』、『減少加班』等上班方式的改革有利也有弊，因此請大家發表意見，看看有哪些利弊得失。」

這樣一說，主管們就不會淨是發表否定性的意見了。

業務主管：以弊端來說，我第一個想到的就是難以達到業績。

人事主任：原來如此。那麼，會有哪些好處呢？

業務主管：嗯，至於好處，硬要說的話，就是工作方式有彈性吧，比較不會懶懶散散之類的。

人事主任：是的，謝謝你。

用這種方式就能聽到正面的意見，而且年輕人也比較敢在上司面前發言吧，因為不是將會議的發言分成「贊成和反對」，而是分成「好處與壞處」。

3. 將參與人員分開來

此外，也可乾脆將年輕職員和主管分開來。或許你覺得開兩次會太麻煩，但如果開個大家都不發言的會，無法收集到重要成員的意見來進行決策，反而是沒效率的。

有主管在場，年輕職員本來就不會表達意見。如果分開來，就能期待他們說出真正的心聲了。

分別開會再整理出雙方的意見，交給老闆或高層裁決，就有可能早一點做出決策。

說要聽取年輕晚輩和資深前輩的意見而將雙方集中在一個會議場上，往往效果不佳，此時，何不將你要徵求意見的對象、參加者「分開來」，讓他們比較願意發言呢？

善用白板的方法

本章的主題是「整理」，最後，就來談談開會時如何「整理」出各種意見。

各位讀者中，想必不少人有機會擔任會議、讀書會、討論會等的主持人。我長期觀察與我們往來的公司，發現他們有很多會議進行上的問題，主要是「**意見無法順利整合**」、「**脫離主題**」、「**超過時間**」等。

為什麼無法整合會議上的意見，甚至離題呢？

主要原因出在**「人們記不住太多事情」**。這點千萬要記住。

要有條不紊地思考事情，必須先將必要的資訊放入腦中，然後進行綜觀式的思考。可是，會議上往往各種資訊滿天飛，即便想納入腦中也會超出腦容量。

美國普林斯頓大學教授喬治．米勒（George Miller）提出**「神奇的數字：7±2」，表示以短期記憶來說，一個人能同時記住的是七個左右（五到九個）**。

假設我們正在討論「營業部門的業務助理工作中有很多不必要的浪費」議題。這時候通常會出現這類散漫的對話：「業務人員外出跑業務時，助理們好像都很閒，到了傍晚才加班準備報價的事。」、「經理的指示不清不楚，很多工作都是一再重做。」、「能不能做個SOP出來？」

發言要是超出七個，來到十個、二十個，在場的人會記不得會議一開始時誰說了哪些話，結果，同樣的發言一再出現，會議便老是原地打轉了。

防止這種情形的武器就是「白板」。邊寫白板邊討論，效果絕佳。

不過，一般的白板大約寬一百八十公分，照正常寫法很快就會寫滿，如果話題又東扯西扯，便無法取捨什麼該寫什麼不該寫了。

要主導、整理大家的討論內容，可以**「將板面分成三個區塊來寫」**。

會議之所以討論到離題，問題不在「資訊共享」，而在「解決問題」的內容太多。我們將「解決問題」這項行為分類一下，可以分為三個部分，依序是：「問題（What）是什麼？」、「原因（Why）是什麼？」、「解決對策（How）是什麼？」

因此，**先在白板上畫二條垂直線，將面板分成三等分，然後從左到右寫下「問題（What）是？」、「原因（Why）是？」、「解決對策（How）是？」**

接著向參加者說明：「各位的意見會寫在這三項中，請大家踴躍發言。」並依「問題」→「原因」→「解決對策」的順序進行討論。

這是我的經驗，每個項目的發言幾乎不會超過二十個。超過二十個以後多為類似的意見，不斷原地打轉。

換句話說，**寫出二十個左右的發言就差不多了**。當最左邊的「問題（What）是？」空間已經填滿二十個或者參加者的意見都發表完了，就開始討論中間的「原因（Why）是？」，最後再討論右邊的「解決對策（How）是？」。

像這樣先行分類好並寫出來，所有參加者便知道該作何發言，也就能夠整理出各方面的資訊了。

最後，容我補充兩個使用白板時的重點。

第一個重點是，**決定好寫在白板上的三個主題分別進行多少時間**。

假設會議時間為一小時，那就「問題」十五分鐘、「原因」十五分鐘、「解決對策」三十分鐘。如果在會議時間內無法討論出「解決對策」，那麼下次開會時直接討論「解決對策」即可。

另一個重點是，**應由主持會議的人負責寫白板**。我們常看到主管交由菜鳥或年輕職員來寫，但這樣有可能出現「不是啦，不是寫在那裡啦」、「什麼？連那個字都不會寫？」等奚落聲而浪費時間。此外，由最想認真主導這場會議的人來寫白板，才能快速整理出發言內容。

這點，希望各位務必實踐。

◉衣服分類成「一軍、二軍、三軍」來整理。

◉文件放在「暫時保管箱」，一段時日後就捨得丟了。

◉內容分成「開場」、「中段」、「結尾」，對方比較容易明白。

◉要活絡會議氣氛，就改變「發言順序」、「好處與壞處」、「成員」這三種分類方式。

◉將白板分成「問題」、「原因」、「解決對策」，就能整理出發言內容了。

第 6 章

「商品、服務大賣」的分類方式

分成前味、中味、後味三階段

只要改變分類方式，不論商品或服務，就能打動人心。

以餐飲業為例。

法式全餐算是「分類後再提供」的代表性料理，通常會依前菜↓湯品↓麵包↓魚料理↓雪酪（sherbet）↓肉料理↓水果↓點心等順序出餐。或許你會納悶幹嘛這時候端麵包、雪酪上來？其實每道菜都有它的意義。

麵包的作用是提供客人在享用湯品和魚料理的中間「清口」，雪酪則是在魚料理和肉料理的中間清口。和食的懷石料理也一樣，將整套餐點一道一道分開拿出來，是一種取悅客人的手法。

1.「Tonki」豬排店的「前味」

那麼，「炸豬排」等單品料理就不能提供這樣的享受了嗎？不然。

東京目黑區有一家豬排店「Tonki」，是昭和十四年創業至今的老鋪。

店裡有一個呈「コ」字形的吧檯席，後面有座位供排隊的人就座。通常，排隊的人會依先來後到往前移動，或者先在入口處寫下名字，然後等待叫名；但這家店不是這樣。客人走進店裡，隨意在等待席上的空位坐下來。

首次去的人會擔心：「真的會依順序叫人嗎？」但**其實店員會記住客人的先後順序，正確無誤地請人就座**。第一次去時，看到這種情景好感動，這就是「專業！」。

這家店讓員工各司其職，例如前述專門依序叫客人的人、專門炸豬排的人、專門切豬排的人、專門盛盤端給客人的人等。客人觀看製作豬排的一整套流程，彷彿在欣賞一場料理秀。

還沒享用，「期待感」已滿滿。

2.「Tonki」豬排店的「中味」

然後，炸豬排送上來了。

豬排不僅縱切，還橫切。而且不是從豬排正中央橫切下去，是以1：2

比例切開。換句話說，可以分別享受切成大塊的豬排與切成小塊的豬排。

說到味道，麵衣酥脆，肉質鮮嫩多汁，美味極了。正在寫稿的此刻，我都想立刻飛奔過去呢。

3.「Tonki」豬排店的「後味」

吃完離開時還會有驚喜。我離開時（結帳後），店家送我一個名為「黑色三明治」的巧克力。雖是小東西，但這番人情義理就讓人想再度光顧了。

我想藉「Tonki」豬排店的例子告訴大家，**無論服務或商品，都可分為「前味」、「中味」、「後味」，真正專業的人都是利用這些流程大討顧客歡心。**

以餐飲業來說，客人入店後到餐點上桌前是「前味」，餐點本身是「中味」，用餐完畢到離開店家之前是「後味」。優秀的店家都會設計出這三道流程。

不僅餐飲界，只要是提供商品、服務的人，最好都能劃分、設計這三個流程——能在客戶購買前提供怎樣的情緒？商品本身能提供怎樣的體驗？使用後又能帶給對方怎樣的心情？

日本戰國時代武將石田三成當年還在寺廟當侍茶童時，為了討豐臣秀吉歡喜而用心服侍，第一杯茶以微溫奉上，以解其渴，第二杯以微熱奉上，以定其神，第三杯以一小杯熱茶奉上，以解其勞。雖不確定這「三獻茶」故事是真是假，但這種提供服務時的「分類方法」值得我們參考。

以「分類」獲得大成功的「迪亞哥」戰略

很多例子顯示，將各式各樣的商品加以分類，就能大幅提高銷售量。

「嬌聯」公司想在亞洲市場推廣他們的紙尿布，但對低所得階層而言，他們的產品屬於「奢侈品」而買不下手，為此，「嬌聯」公司一度陷入苦戰。

在印尼等東南亞國家還有很多家族經營的小商店，他們將一片片紙尿布吊在店鋪前的天花板上販售。於是，「嬌聯」也將紙尿布一片一片分開販售，讓人容易買得下手。

「碧浪」（Ariel）的清潔劑「3D洗衣膠球」，是將一次用量的清潔劑裝在一個水溶性袋子裡。這種分裝方式讓人覺得可以省下計算用量的麻煩，很受年輕世代歡迎。

「味之素」的「火鍋湯塊」，是將一人份的火鍋湯做成固體狀。「要專程去買一罐一罐的火鍋高湯，還要調整濃度才行，那就不想煮火鍋了」。這種火鍋湯塊完全符合一人生活的需求，因此大賣。

「森永乳業」於一九九五年推出「切好的起司」，可省去切起司的麻煩而大賣，短短幾年間就比沒切好的起司更暢銷。

書籍方面也是，文藝大作分成「上下卷」的比比皆是。的確，對讀者而言，與其買一本磚頭書，不如買兩本厚度一半的書才便於攜帶。最重要的是，對出版社而言，分成兩冊可以提高銷售量，因為就算再厚，一冊售價三千圓，讀者會嫌太貴，但兩冊三千四百圓的話，等於一冊才一千七百圓，容易入手多了。

順帶一提，雖然有點離題，《七龍珠》漫畫的書背插圖是從第一本依序連接起來的，因此排在書架上，就會讓人想把下一本排上去，結果我就把四十二本買齊了。這種設計堪稱高明的分類方式。

以「分冊」這種商業模式獲得成功的代表性品牌，應屬透過電視廣告強打而為人熟悉的「迪亞哥」（De Agostini）吧。

「迪亞哥」並非將完成後的模型或零件整套出售，而是每月銷售少部分零件，讓消費者能夠享受慢慢組裝起來的樂趣。「創刊號」售價便宜，先以此招攬消費者。買家會有「非組裝到最後不可」的心情，於是期待每個月寄零件來。

另外，據說《週刊 Robi》的機器人總價高達十四萬圓，但創刊號的優惠價僅七百九十圓，然後每月的一般定價為一千九百九十圓。《週刊　組裝戰艦大和》的總價為十一萬圓，創刊號的優惠價為三百九十圓，每月的一般定價為一千一百九十圓。

如果是十四萬圓、十一萬圓，掏錢出來需要勇氣，但分期付款，而且買來後覺得不如預期也能「解約」，這樣就容易出手了。「分期付款」是一種惡魔，也是一種讓人掏錢的高明「分類方式」。

你的商品或服務，目前是怎麼分類的呢？是不是改變一下分類方法就能提高效果呢？

向刮鬍刀學習以分成「購置成本」和「經常成本」的方式賺錢

還有一種很優秀的商業模式，就是「替換刀片模式」。這是「吉列」這家安全刮鬍刀廠商確立下來的賺錢模式，亦即**「先以便宜價格賣出刮鬍**

刀，之後再長期提供消耗品及服務來賺錢」。

三谷宏治著作的《你怎麼賣，比你賣什麼更重要：史上最強的70個商業模式》中收錄了這個小故事，我大致介紹一下。

吉列刮鬍刀的發明人金．吉列生長在一個擁有許多發明的家庭，他在王冠公司（Crown Cork & Seal）從事業務工作時，社長威廉．潘特建議他：「你要不要發明一種用完即丟的東西，這樣我們的客戶就會很穩定。」吉列整天都在思考這件事。有次出差在飯店磨刮鬍刀時，突然想到：「幹嘛把刀子做得這麼厚，害我們非得經常磨刀不可。要是用薄鋼片來做，且將價格壓低的話，就能用完即丟了！」

然後經過六年的技術開發，於一九〇三年取得專利。這就是將刮鬍刀本體與替換刀片分開，「用替換刀片來賺錢」的商業模式。

日本也有一位岡田良男，他發明一種特別的刀子來取代一般刀子和刮鬍刀，就是所謂的「折刃式美工刀」，可更換刀片，且可將刀刃一小段一小段折斷再利用。很遺憾，這不是KOKUYO而是「OLFA」（名稱來由是「將刀片折斷」）這家公司的產品，除了具有安全剃刀、裁刀的功能，還將把手與刀片分開販售，這種創意太有意思了。

最初的花費稱為「購置成本」，之後的維持費用稱為「經常成本」。

把它想成噴墨印表機（購置成本）和「墨水」（經常成本）就容易理解了吧。你到家電量販店去，看到標價不到一萬圓的印表機會覺得「怎麼這麼便宜？」但墨水其實很貴。手機和通話費、「奈斯派索膠囊咖啡機」和咖啡等，就是這樣的關係。

相信很多人還記得，十多年前，日本網銀集團（SoftBank）在車站前強打「雅虎！寬頻」（Yahoo! BB），免費送大家ADSL數據機。他們雇用大量的工讀生，免費送出看起來很昂貴的機器，不免讓人擔心這樣沒問題嗎？但參與此項業務的三本雄信表示，他們將抓住顧客的過程分為三階段，經過縝密的模擬實驗後才執行這項戰略。

利用購置成本來賺錢的商業模式，關鍵在於「提高轉移成本」。轉移成本就是客戶改變廠商所要付出的費用和工夫，是一種讓人覺得「換廠商會吃虧」的手法，例如收取中途解約費用，或是解約手續很麻煩等。

當你去看廠商的官網，會發現很難查到「解約手續」相關訊息，這不是官網設計得太差，而是他們故意讓人搞不清楚。

將一場買賣分成「購置成本」和「經常成本」，用便宜的購置成本來抓住顧客，再讓顧客持續付出經常成本，這樣就能穩穩地賺錢了。

商品的開發者和設計者在製作功能、設計性優異的商品時，往往重視如何招攬新顧客，但**思考如何在顧客購買後繼續從他們那裡「長期獲得利益」，也是相當重要的事。**

釘書機和釘書針。

自動鉛筆和筆芯。

活頁夾和活頁紙。

噴墨印表機和墨水。

你的生意能夠分成購置成本和經常成本嗎？請務必思考一下。

以「場合」與「時間」區分而大賣

光分類就讓商品大賣。我們再來思考一下這件事。

商品開發上，鎖定客層很重要，但鎖定得太過嚴謹，也可能導致銷售規模縮小。

商品的消費群不該僅以「性別」、「年齡」區分，我想介紹一下以「場合」、「時間」區分而大賣的商品案例。

1. 以「場合」區分

朝日飲品「WONDA 罐裝咖啡」標榜「早晨專用」而大賣。他們將喝咖啡的時間分成早、中、晚，然後打出罐裝咖啡形象，直接命中「早上趕上班時喝」這種場合。

麒麟飲料的「午後紅茶」也一樣。雖然強調場合，但並非其他場合就不能賣。

「Achilles」的「瞬足」兒童運動鞋，也是鎖定「轉彎時也能跑得飛快」這種場合而大賣。他們將鞋底止滑橡膠的形狀設計成左右不對稱，因此轉彎時不易滑倒。這款運動鞋能給人一種信心，例如在小學運動場（多半為左轉）跑步時，會因為轉彎順暢而跑出好成績，而且接力賽跑時不會在接棒的時候落後。創造出功能性的差異化這點自不在話下，又巧妙地抓住小朋友想跑更快的心理，難怪大賣了。

棉被專用的吸塵器「raycop」就是鎖定「清潔棉被專用」、「消除塵蟎」場合而大賣。一般的吸塵器只要更換吸頭也不是不能清潔棉被，但總是令人擔心吸力會不會太強、真的能夠除蟎嗎？

2. 以「時間」區分

接著來看看以「時間」區分而成功的案例。

「PRONTO」餐廳將「白天」設為咖啡館，「傍晚」起設為以酒類和下酒菜為主的酒吧，因而來客數相當穩定。許多居酒屋也在白天做起午餐生意，但相對於夜晚的主業，白天只是附帶性質。但「PRONTO」將白天和夜晚都當成主業來全力經營，這種模式正是它的成功之處。

最近，咖哩飯連鎖餐廳「壹番屋」在店內放置大量的漫畫供人閱讀。雖然午餐時間人很多，但其他時間店裡多半空蕩蕩，客人也就不太敢進來了。為解決這問題，店家採取放置漫畫「讓客人可以待久一點」戰略。

或許有人認為這麼做會讓午餐時間客人久坐而翻桌率下降，但其實有些店家會在午餐時間用簾子將漫畫書架遮起來而無法閱讀。亦即，善加劃分時間來達到集客效果。

如果你的商品、服務不太能為你帶來收益，不妨重新檢討一下「場合」與「時間」的劃分方式，或許就能找到解決對策了。

影響別人的「行為經濟學」的分類方式

要讓顧客購買，最好是準備能互相比較的商品。為此，常有廠商一次準備了**「松、竹、梅」**系列產品。第3章中提到，一般都是分成三種來供人比較。

事實上，放置松、竹、梅三種類型的產品時，如你所知，**最暢銷的是中間的「竹」**。我們稱這種情形為「極端回避性」。具體而言，該分成哪三種呢？

有同一品牌的數位相機兩種，價格分別為三萬八千圓和七萬六千圓。根據某項實驗，兩種相機的銷售量差不多，也就是說，售出比例各占五成。

然後再加入另一種相機，價格是十二萬八千圓。這樣就形成三萬八千圓、七萬六千圓、十二萬八千圓的「松、竹、梅」了。按理說，不論價格最高的那一款賣掉多少，三萬八千圓和七萬六千圓的售出比例應該仍是五成才對。**但結果顯示，大部分人會選擇中間的七萬六千圓，選擇最便宜類型的減為每五人中僅一人。**

這就是墨特里尼（Matteo Motterlini）所著《情感經濟學：消費決策背後的真正動機》中介紹的行為經濟學原理。

只有兩種選項時，三萬八千圓和七萬六千圓的相機銷售數量一樣，但出現價格更貴的選項時，七萬六千圓的相機就比三萬八千圓的暢銷了。

也就是說，**當有兩款商品，想推銷價格高的那一款的話，就準備另一款價格更高的商品。**利用這種方式來改善利益構造。其實，新準備的那款最貴的商品不賣也無妨。

但絕不能擺進價格在三萬八千圓和七萬六千圓之間、例如五萬七千圓的產品。這樣會破壞利益構造，讓七萬六千圓的產品賣不掉了。

【從「二個」改成「三個」時的案例】

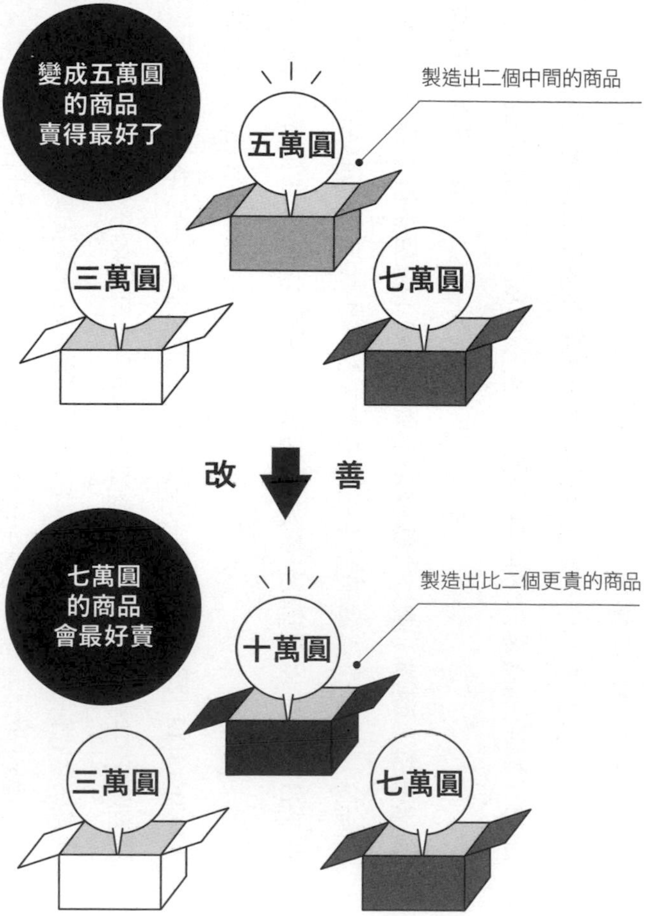

原本只有兩種商品，增加一種變成有三種選項時，價位中間那一種會最暢銷。因此，要增加一種產品時，最好推出價格比前兩種高的產品，這樣才會獲利。

那麼，如果不只三種選項，而想再多增加一些，該怎麼做呢？鑑於顏色多樣性與功能性的差異化，的確有些商品不會只提供三種選擇。

很多店家標榜「品項豐富」，但這樣不會讓消費者反倒無所適從嗎？

剛剛，我到家電量販店去買無線網卡。我站在一整排（超過二十種）相似的商品前，一時來不及向忙來忙去的店員詢問，結果不知買什麼好而空手回家。回家後，我在亞馬遜網站買了一個聲稱「人氣第一」的「BUFFALO」製、售價六千圓的無線網卡。

關於選項多寡的誘導狀況，哥倫比亞大學希娜・艾恩嘉（Sheena Iyengar）教授的果醬實驗很有名。她在超市設了一個果醬試吃區，然後進行實驗。**有一次準備「二十四種」果醬，有一次準備「六種」果醬，結果準備六種果醬時賣得比較好。**

看過二十四種果醬的人總是不知該選哪一種好，最後空手而歸。但看過六種果醬的人能記住自己的喜好，因此做出選擇。

那麼，究竟該分成幾種選項比較好？這點在第 5 章的「善用白板的方法」中已經提過，就是「神奇的數字：7±2」。因為7±2（也就是五至九個）是人類資訊處理能力的極限。

七個以內可以牢牢記住，超過七個就記不清楚了，也就無法冷靜比較和判斷。檢討商品的多樣性時，請參考這個數字。

「光之美少女」與「寶可夢」、「AKB48」

那麼，數量多就都不行囉？倒也不是。**如果是讓人「想要記住」的商品，那麼有時增加數量反而有效。**

女孩子多的家庭看的電視節目不是「假面騎士」，而是「光之美少女」。這是一部以女孩子為對象的動畫，從我家老大上幼稚園起開播，當時取名為《我倆是光之美少女》，但每年都會增加新系列，目前歷代各系列加起來，角色超過五十人。

電影版取名為《光之美少女All Stars閃亮大集合》，各系列的美少女齊聚一堂，但我家那才上幼稚園的老么竟然記得所有人的名字。

數量增加雖會讓人搞不清楚，但對喜歡的人來說，正好能享受「記住」的樂趣。「寶可夢」是，「妖怪手錶」是，「麵包超人」也是。

只是迫於需要而去買的「無線網卡」，實在提不起勁去記它們的名稱，但如果換成想拼命湊齊的寶可夢角色，自然會一直記下去了。

日本大型女子偶像團體「AKB48」和「乃木坂46」的道理也一樣。沒興趣的我總覺得都是一樣的團體、都是一樣的面孔排排站，但對粉絲來說，一一記住她們的不同與特色是一種樂趣吧。

男性的話，比較會自然而然記住汽車的名稱、運動選手的名字，女性則是蛋糕種類、服飾品牌等。

相撲技法的「四十八手」（目前是「八十二手」）、日本遊戲紙牌「花札」的四十八張、「元祿赤穗事件」中的四十七名家臣、日本的四十七個都道府縣、美國的五十州等，這麼龐大的數量，或許能刺激求知欲而讓人努力記下來；如果有周邊商品，還會想全部收集齊全呢。

如果你開了一家店，並賦予各種商品稍微不同的個性，那麼，你可試著增加品項，滿足粉絲的「收集欲望」。

學習伊勢丹男士館的嶄新「分類方式」

怎麼做才能創造前所未有的「新分類方式」？那就是，確實認識一般的分類方式，然後找出加以破壞的切入點。當然，知難行易，但要是你想出來了，肯定爽到爆。

百貨公司的樓層配置一向以「品牌」分配，由各品牌的銷售員來推銷自家商品。但這麼一來，消費者便難以比較各品牌的服飾後再購買。

於是，伊勢丹男士館提出「新分類方式」，**不是用品牌來區分，而是**

用「商品類型」來區分。西裝區就所有西裝品牌集中，休閒服區就所有休閒品牌集中，方便消費者比較各家產品。

當然，擁有既得利益的業者均表示反對，但只要贏得消費者支持就會成功。更重要的是，此舉已讓伊勢丹在業界打出嶄新的形象了。

站在顧客的立場，我希望有些地方也能進行這樣的改革，例如書店的文庫本書架。單行本的話，會以書籍的種類、範疇來分類，但文庫本是以「出版社」分類，我每次都覺得「好難找」。

對書店而言，這樣比較好管理，對出版社而言，「占住書架」是優先要務，但對顧客而言，會找不到什麼書放在哪裡。難道沒有為顧客著想的劃時代分類方法嗎？

我們就大膽設想吧。以書店的食譜書架來說，一般分為「和、洋、中」或「肉、魚、蔬菜」，但下廚時，我們未必會以類別作思考。

- **幾分鐘可完成等，以「料理時間」來分類。**

● **二人份或一人分等，以「人數」來分類。**

● **短時間內可做出四人份等，以「時間＋人數」來分類。**

● **可溫暖身體、可放鬆身體等，以「用餐後狀態」來分類。**

諸如此類，只要稍微動腦筋便能想出各種分類方式。大家一起討論就會變成一種腦力激盪，說不定就能誕生出革命性的創意。

日前不斷推出好幾部暢銷書的出版人士井英司說：

「今後，創造新的範疇這件事會很重要。」

他表示，例如要創造人氣酒類商品，不是思考該製造怎樣的啤酒、怎樣的紅酒，而是思考一種與啤酒、紅酒並列的新切入點（範疇）的酒。原來如此，前所未有的切入點正是創意所在。

如果你覺得你的商品難跟競爭對手產生差異性，那麼，建議你找出別家公司尚未發現的「新分類方式」。站在顧客立場去思考如何分類會讓他們

「開心」，或許答案就出來了，還可能因而占得一席之地呢。

想為商品創造「附加價值」時，通常我們會認為必須加上前所未有又很厲害的東西。

不過，將商品或服務分開販售，或是將商品的構成要素以前所未有的方式加以分類，光是這樣，就能讓商品大賣了。

在思考「眾人尚未發現的創意」之前，不妨先思考一下你的商品及服務可以如何分類。

◉分成「前味、中味、後味」來呈現。
◉將高價商品拆開來分別便宜出售，消費者比較願意購買。
◉區分成「購置成本」和「經常成本」，以「經常成本」來賺錢。
◉分出「場合」與「時間」，就能招攬新顧客。
◉將商品分成三個檔次，中間那個檔次就會最暢銷。
◉能夠讓人「想要記住」的商品，消費者有可能會記住五十種。
◉找到未被發現的「分類方法」，努力實現吧。

終　章

對方是怎麼分類的？

寫出「對方」的問題

到這裡，我們已經看過各種「傷腦筋的話，就改變分類方式吧！」的方法。面對問題時，思考如何分類以找出解決線索，這點十分重要。不過，如果是「自己一個人」的問題，那麼自己冷靜思考即可，但若是「對方」有問題，或者「對方與自己之間」出問題，就有必要找出對方的問題再思考分類方法了。最後，我們來看看這種狀況。

先從小朋友面對的問題開始。朋友、兄弟姊妹，乃至親子等關係中，小朋友經常會碰到覺得「不合理」的問題。身為父母，當然希望能幫忙處理，但要解決這些問題並不容易。

此時，不要只是聽孩子抱怨，要將他「正在苦惱的事情是什麼？」寫在筆記本上，然後與他一起邊看問題邊解決。

例如，**「學期之初，因為無法好好建立朋友關係而苦惱」**，然後出現下列事情。

○目前，在學校的朋友關係上，最在意的問題是什麼？

1. 有人愛說一些令人討厭的話。
2. 朋友們分成兩個小圈圈，難以決定加入哪個圈圈才好。
3. 有些朋友老是不寫作業。
4. 有些朋友不守約定。
5. 我們感情不錯，但那個同學是乖乖牌，這種人很容易受到排斥。
6. 上課的時候，有些男生很吵。
7. 有些女生很霸道，愛強詞奪理。

寫下來之前感覺有一大堆不滿，但寫下來一看，多半只有七到十個問題。這時候，我們要再確認一下：「還有沒有？任何小事情都可以說喔。」讓當事人覺得「全部」都寫到這點很重要。當對方回答：「沒了，我想就這些。」再進入下個步驟。

將寫出來的問題分類歸納出來，例如分成下列三種。

- **自己能解決的問題。**
- **要看對方狀況，因此苦惱也沒用。**
- **其實不需要理它。**

我們將之前那七個問題分門別類，試著思考解決對策。

目前，在學校的朋友關係上，最在意的問題是什麼？（分類後）

【自己能解決的問題】

2. 朋友們分成兩個小圈圈，難以決定加入哪個圈圈才好。

5. 我們感情不錯，但那個同學是乖乖牌，這種人很容易受到排斥。

解決對策↓和那個感情不錯的朋友一起判斷加入哪個圈圈會比較好。

【要看對方狀況，因此苦惱也沒用】

1. 有人愛說一些令人討厭的話。
4. 有些朋友不守約定。
7. 有些女生很霸道，愛強詞奪理。

解決對策↓其實這些都是同一個人。那就不要硬跟她來往，對方沒主動攀談就不必理她。

【其實不需要理它】

3. 有些朋友老是不寫作業。
6. 上課的時候，有些男生很吵。

解決對策↓跟自己沒有直接關係，交給老師處理就好。

將寫出來的問題加以分門別類，就會發現其實非解決不可的問題並沒那麼多。

若人事負責人是個超級負面的人……

這套做法對大人也很有效。

這是我幫一家員工三百人的企業進行顧問諮商時的事。那家企業的人事負責人腦中全是負面想法。

該企業老闆希望我解決的問題是：**「營業部門與開發部門感情不睦，總是互相詆毀。」**我們談到是不是開個以全體員工為對象的意識改革座談會（對話的場合），結果我就雀屏中選了。

然而，對於我的提案，正該解決這問題的人事負責人說：「唉呀，那太難了，一定行不通的。」始終躊躇不前，還認真搬出「人數太多了，而且目的、目標都不明確，還得花預算……」這類辦不成座談會的一堆理由，看不出想要解決問題的意思。

於是我提議：「那麼，為了掌握辦座談會將會出現哪些問題，我們就把要做的事情寫在白板上吧。」然後，我們寫出了下列九件事。

要舉辦一場三百名員工參加的座談會所必須做的事情是？

1. 如何分配人數（因為無法一次舉行）？
2. 如何控制會場？
3. 如何設定目的？
4. 如何讓員工互相討論？
5. 希望討論出什麼結果？
6. 由誰來主持？
7. 何時進行？
8. 預算從哪裡來？

9. 事後該如何追蹤進行？

「就這些了嗎？還有其他擔心的事情嗎？」我向負責人確認，他回答：「大概就這些。」他開始從混亂狀態中解脫出來了。仔細看就知道這些事情可分為**「進行上的困難」**與**「內容上的困難」**兩類。

要舉辦一場三百名員工參加的座談會所必須做的事情是？（分類後）

【進行上的困難】

1. 如何分配人數（因為無法一次舉行）？
2. 如何控制會場？
6. 由誰來主持？
7. 何時進行？
8. 預算從哪裡來？

【內容上的困難】

3. 如何設定目的？
4. 如何讓員工互相討論？
5. 希望討論出什麼結果？
9. 事後該如何追蹤進行？

就這樣，我們邊分類邊討論後，負責人覺得比較困難的事情剩下兩個。一個是「**6. 由誰來主持？**」依現狀是由這位負責人來主持，但他似乎不太有自信。

另一個是「**8. 預算從哪裡來？**」他表示這期沒編這條預算，不知上司是否認可。

於是，我自告奮勇擔任主持人，預算則請他立即做出一個大致的估算。這下，那位負責人才終於安心，給出「應該行吧？」的表情。將問題寫出來再加以分類。光這樣就能大幅解除對方的心理壓力了。

知道「對方」的分類方式是溝通的關鍵

我目前從事「溝通」研討會的講師職務，但在我三十多歲時，我可是經常跟老婆意見不和就吵起來的。

我將盤子、杯子隨便放進洗碗機中，老婆就會跑過來說：「你放整齊一點！」我要是「亂一點有啥關係」地一臉不悅，老婆就更火大了。

都是些微不足道的芝麻小事，但日積月累後，人際關係便會惡化，夫妻如是，親子如是，友人如是，上司與下屬亦如是。

之所以累積不滿，是因為「自己」認為的大事與「對方」認為的大事未必相同。大家都知道人人各有各的價值觀與優先順位，但依然會從「對自己很重要」這個觀點來判斷事情，這也是莫可奈何。

為了消除這種思考模式而能與對方「順利溝通」，首要就是掌握「對方認為重要的事」。**其實，對方認為的要事會表現在他的「分類方式」上。**這部分希望你能仔細看下去。

例如，依照我的想法，我認為可將洗好的碗盤疊在餐具櫃上，這樣比較有效率，而且可省下許多空間。

但是，隔天，我老婆又將碗盤全部依照平常的方式放回去。我不解：「明明我那樣疊起來才比較有效率的……」於是問老婆為什麼要改變我的放法，結果她說：「我這樣放才容易拿出來。」她認為原本餐具櫃的分配方式比較好。

我看重「收納的效率」，但老婆看重「取出的效率」。只要了解這點，就不會為小事抓狂了。

我再舉一個例子。我上班的KOKUYO公司現在是採「自由席」，但從前也跟許多公司一樣是「固定席」。當時，每一次換上司時，都能看出他辨公桌的分類方式不一樣。

有位上司的辦公桌上各種資料排列得井然有序，筆等各項文具也是配置得有條不紊，簡直是**「駕駛艙」**分類方式。

下一位上司在下班時，桌上僅留兩支筆和行事曆而已，其餘**物品全部收納起來**。

兩位上司均做事十分嚴謹，我經常被罵呢。兩位都是很能幹的人。

「駕駛艙」上司重視**「提高工作的處理速度」**。「兩支筆」上司重視**「把事情做完、整理完才能下班」**。從辦公桌上的分類方式就能看出他們重視什麼了。當時我要是看出這點，就能和他們更加溝通愉快吧。

許多麻煩和壓力都是來自與他人的關係不佳，此時，請仔細觀察對方的「分類方式」，這樣就能看出對方重視什麼，也就能找到解決的線索了。

傷腦筋時，不妨比較一下「對方的分類方式」與「自己的分類方式」，說不定魔鬼的細節就藏在這裡。

後記

我原本是不下廚的，但最近為減輕老婆的家事負擔，週末會多少做一點。

本書的寫稿工作已告一段落，於是剛才我到附近超市採買晚餐的材料，發現結帳方式變了，好像叫做「自助結帳」，就是由店員掃描商品的條碼，然後由顧客利用專用的核算機器自行結帳。

每個收銀臺設置兩部核算機器，因此不必排隊等候。將結帳這項作業分為「掃描條碼」和「核算付款」便成功地「縮短時間」了。沒錯，這裡也展現出分類的創意。

話說回來，我會做的料理只有咖哩、炸雞塊、漢堡排三種，全是小孩愛吃的。

然而，咖哩且不說，炸雞和漢堡排的火候掌控、調理時間，對我而言都是大難題。我照老婆的指示做了，成品卻長得不一樣……。老婆做的漢堡排，孩子們的盤中總是一掃而空，但我做的有時就會留下來，於是前幾天我向老婆提議：

「事前準備工作由我來，之後可不可以由妳掌廚？」

以漢堡排來說，切洋蔥（當然是用切片器）、揉絞肉、做成漢堡圓餅很麻煩，由我負責的話，老婆只要煎就好，會輕鬆許多；再說，煎的本事她遠遠比我厲害多了。炸雞塊也一樣，我來切肉、裹麵粉，掌握火候和控制油炸時間，對她來說輕而易舉。

老婆很快接受我的提案。而且這麼一來，我們都能有時間在客廳和孩子聊天。以結果來看，這是一石二鳥的「分類方式」。

日常生活中，很多事情只要用心「分類」便能順利進行。本書若能對你有所啟發，實在榮幸之至。

VX0060X

剛剛好的人生成功術！：傷腦筋的話，就改變分類方式吧！善用 KOKUYO 四大類型分類法，輕鬆解決從工作到生活的各種難題

原著書名／困ったら、「分け方」を変えてみる

本書改版自 2019 年 6 月 13 日出版之《傷腦筋的話，就改變分類方式吧！》

作　　者／下地寬也
譯　　者／林美琪

出　　版／積木文化
總 編 輯／王秀婷
責任編輯／廖怡茜、陳佳欣
版權行政／沈家心
行銷業務／陳紫晴、羅仔伶

發 行 人／何飛鵬
事業群總經理／謝至平
城邦文化出版事業股份有限公司
台北市南港區昆陽街 16 號 4 樓
電話：886-2-2500-0888　傳真：886-2-2500-1951

發　　行／英屬蓋曼群島商家庭傳媒股份有限公司城邦分公司
台北市南港區昆陽街 16 號 8 樓
客服專線：02-25007718；02-25007719
24 小時傳真專線：02-25001990；02-25001991
服務時間：週一至週五上午 09:30-12:00；下午 13:30-17:00
劃撥帳號：19863813　戶名：書虫股份有限公司
讀者服務信箱：service@readingclub.com.tw
城邦網址：http://www.cite.com.tw

香港發行所／城邦（香港）出版集團有限公司
香港九龍土瓜灣土瓜灣道 86 號順聯工業大廈 6 樓 A 室
電話：852-25086231　傳真：852-25789337
電子信箱：hkcite@biznetvigator.com

馬新發行所／城邦（馬新）出版集團 Cite (M) Sdn Bhd
41, Jalan Radin Anum, Bandar Baru Sri Petaling, 57000 Kuala Lumpur, Malaysia.
電話：603-90563833　傳真：603-90576622
電子信箱：services@cite.my

封面設計／郭家振
內頁排版／薛美惠
製版印刷／韋懋實業有限公司

國家圖書館出版品預行編目(CIP)資料

剛剛好的人生成功術!：傷腦筋的話,就改變分類方式吧!善用 KOKUYO 四大類型分類法,輕鬆解決從工作到生活的各種難題 / 下地寬也作；林美琪譯. -- 二版. -- 臺北市：積木文化出版：英屬蓋曼群島商家庭傳媒股份有限公司城邦分公司發行, 2024.04
面；　公分
譯自：困ったら、「分け方」を変えてみる
ISBN 978-986-459-593-8(平裝)

1.CST: 創造性思考
176.4　　113003908

【印刷版】

2019 年 6 月 13 日　初版一刷

2024 年 4 月 30 日　二版一刷

定　　價／350 元

ISBN／978-986-459-593-8

【電子版】

2024 年 4 月

ISBN／978-986-459-591-4 (EPUB)

Printed in Taiwan.